Peter Becher

# Prager Tagebuch

Vitalis

Herausgegeben mit freundlicher Unterstützung des Deutsch-Tschechischen Zukunftsfonds.

Die Deutsche Bibliothek verzeichnet diese Publikation in der Deutschen Nationalbibliographie. Vollständige bibliographische Angaben sind im Internet über https://dnb.de abrufbar.

**www.vitalis-verlag.com**

# INHALT

Dienstag, 2. April. Alle Anschlüsse funktionieren
reibungslos an diesem Tag, die Busfahrt von München nach Prag ohne Verzögerung, ohne Stau.
Schon taucht der erste Mattoni-Adler neben der
Autobahn auf, fahren wir in die Stadt hinein, am
tanzenden Haus, dem Mánes-Gebäude, der Cyrill-
Method-Kirche mit den Einschüssen, dem Literaturhaus in der Ječná vorbei. Zehn Minuten vor der
angekündigten Zeit erreicht der Bus den Hauptbahnhof.

Wieder einmal angekommen in Prag. Doch was
heißt schon Ankommen in dieser Stadt mit ihren
hundert Geschichten und Vergangenheiten? In der
Kuppel der historischen Eingangshalle mit dem
Fanta-Café versammeln sich die Stimmen der
Jahrzehnte, der Kaiser besucht Prag, ein Zug mit
Soldaten dampft in den ersten Weltkrieg, ein La-
zarettzug bringt Verwundete von den Fronten
des zweiten, KZ-Häftlinge blicken halbverhungert
aus Güterwaggons, Vertriebene laden verschreckt
ihre Koffer ein, kommunistische Geheimdienst-
leute verhaften die Anhänger der Ersten Republik. Über das Geländer gebeugt sehe ich unter
mir die Tagespendler aus den Zügen eilen, die
Wochenendtramps mit Rucksäcken und Gitarren
in die Jagdgründe des Böhmerwalds ziehen.

Ein erster Kaffee in der Fantova kavárna, wie
da die Blicke hochwandern an jeder Figur, jedem
Wort hängen bleiben, „Praga mater urbium" prangt

in goldenen Buchstaben über dem zentralen Durchgang, angehimmelt von einer barbusigen Marmorfrau, von einer zweiten, ihr Rücken so muskulös, dass sie ein Mann sein könnte, oder sind es gar keine Muskeln, nur Falten, die fröhlich walten? „28. říjen r. 1918" über der Mutter aller Städte, 28. Oktober, damals, als die Republik ausgerufen wurde, in den letzten Tagen des Ersten Weltkriegs, als der Waffenstillstand nur noch wenige Tage, der Friedensschluss noch Monate auf sich warten lassen sollte. Doch Masaryk und Beneš hatten längst Nägel mit Köpfen gemacht, in Pittsburgh und Washington, hatten tschechische Legionäre in den russischen Bürgerkrieg geschickt, Jaroslav Hašek unter ihnen, der gar nicht wusste, wie er seine russische Frau hinter dem Ural und seine tschechische Frau zuhause mit einem einzigen Ehering beglücken sollte. Wenn sie nur nicht zur selben Zeit, zur Zeit, ja die Zeit ...

Ich sitze und grüble im Café Fanta, der Cappuccino ist längst lau geworden, bin immer noch unterwegs in den Labyrinthen der Vergangenheit, in den vergangenen 35 Jahren, seit ich zum ersten Mal in Prag war, zum ersten Mal die gelbe Kuppel und die Mutter aller Städte fotografiert habe, mit einem Schwarzweiß-Film, dessen selbstentwickelte Bilder genauso grau waren wie die damaligen Straßen und Plätze, keine Cafés, keine Reklame, keine ausländischen Zeitungen, keine westlichen Autos, keine Boutiquen, keine

restaurierten Hausfassaden, keine McDonald's-
Läden, dafür aber *chlebíčky*, echte, gute *chlebíčky*,
die nach Eiern und Schinken und Mitteleuropa
schmeckten, und *bramborák*, allein schon der
Name, wie dürr klingt Kartoffelpuffer dagegen,
*bramborák* voll Knoblauch und Fett, gegen das
selbst das stärkste Butterbrotpapier keine Chan-
ce hatte. Ein Buch, einen Bildband, sicher gibt es
etwas über den Prager Hauptbahnhof und die
wunderbare Kuppel, unter der sich so viele Figuren und Zeiten begegnen, reale und fiktive, ver-
gangene und gegenwärtige.

   Die Gästewohnung des Literaturhauses im Haus
Hlahol am Masarykovo nábřeží im vierten Stock,
zu dem eine Steintreppe hinaufführt, drei Schlös-
ser öffnen die Tür, drei hohe, fast quadratische
Zimmer, die meisten Wände kahl, das Mobiliar zu-
sammengewürfelt. Wer mag hier früher gewohnt
haben? War es eine tschechische, eine deutsche,
eine jüdische Familie? Wurde die Wohnung wo-
möglich arisiert, tschechisiert, enteignet und nach
1989 restituiert? Wer mag das wissen, wer Auskunft geben? Kurz vor Mitternacht stehe ich am
Fenster und schaue auf die grüne Leuchtschrift
des Mánesgebäudes, auf das dunkelschimmernde
Gleiten der Moldau, die Straßenlampen am anderen Ufer, die funkelnde Sternenbotschaft des Lau-
renzibergs, aus dem sich der blaue Zeigefinger
des kleinen Eiffelturms erhebt. So stehen und
schauen, und sich von dem Rauschen der Moldau
einhüllen lassen, die unter der Jirásek-Brücke ein

kleines Gefälle hat, eine Stufe der Zeit, über die Wellen und Gedanken mehr stolpern als stürzen, nicht weit, aber tief genug, um einen winzigen Wirbel zu erzeugen, der sich dreht und dreht, bis er sich in der Müdigkeit der mitternächtlichen Stunde verliert. Jetzt bin ich tatsächlich, vielleicht, noch nicht ganz, aber doch irgendwie angekommen.

*

## WOHNUNG, HAUS UND KONZERT

Mittwoch, 3. April. Wie anders die Geräusche beim
Aufwachen, Autos, Straßenbahnen und die rau-
schende Moldau, der knarzende Parkettboden,
der tickende Wecker. Jetzt erst die ganze Wohnung, das Doppelbett im Schlafzimmer mit seinen Holzverzierungen, drei schwarze Rosen für
gute und schlechte Träume über der Kopfseite,
die doppelten Nachtkästchen oval geschwungen,
die oberen Teile auf grazilen Beinen, als ob sie
tanzen wollten, und dürfen doch nur stehen und
schweigen. Im Wohnzimmer ein Schreibtisch zwischen den Fenstern mit zwei Drehstühlen, von
denen der eine für einen Riesen, der andere für
einen Zwerg gedacht, ein dreiteiliges blaues Sofa,
das einen eleganten Bogen schlägt und leicht aus-
einanderklafft, an der Wand ein wuchtiger Regal-
kasten mit neun Fächern, dunkelbraun, darauf
ein alter Plattenspieler mit Radio und einem CD-
Laufwerk, das nicht funktioniert. Daneben das
einzige Bild des Raumes, es hängt nicht, es lehnt
an der Wand, ein Ölbild, das viel Himmel, zwei
Windmühlen, Häuser mit hellen Wänden und einem Karren zeigt, ein Motiv aus Spanien vielleicht, oder eine Fantasielandschaft. Die Wände
des Zimmers hoch und kahl, die weißlackierten
Türen drei Meter hoch, die Klinken, als ob sie aus
der Mitte heruntergerutscht, für Zwerge, die in der
Wohnung von Riesen verkehren. Der Boden, altes
Parkett, Fischgrätenmuster. Ein einziges Bild, das

an einer Wand hängt, nicht in einem Zimmer, sondern in der Toilette, direkt unter dem Wasserkasten, hinter dem herabhängenden Griff der Spülung, ein Stillleben mit Obstschale und Kaffeetasse. Die ganze Wohnung so stillos und kahl, dass sie eine eigene Ästhetik produziert, die nicht auf Möbel, Teppiche und Bilder, sondern auf die Fantasie setzt, auf das Lichtschattenspiel der Wände, wenn am Nachmittag die Sonne vor den Fenstern steht, auf die Gedanken, die über dem Laptop tanzen und sich von keiner Äußerlichkeit ablenken lassen.

Die weitere Umgebung, das Haus von außen betrachtet, der Name Hlahol, in großen Buchstaben an der Fassade, der Prager Gesangsverein, 1905 fertiggestellt, ein Sezessionsbau wie der Prager Hauptbahnhof. Wieder taucht der Name Fanta auf, der Vorsatz, ein Buch über die Empfangshalle zu suchen, so viele Aspekte und Zusammenhänge, die Frage, ob man in Prag überhaupt jemals ankommen, ob man nicht ein Leben lang unterwegs sein kann zu dieser Stadt, ihren Stimmen und ihrem Atem.

Unter dem Dach des Hauses eine von Alfons Mucha geschaffene Lünette, ein Bogenfeld, singende Gestalten und eine barbusige, in eine blaue Toga gehüllte Lyraspielerin, direkt über den beiden Fenstern, zwischen denen der Schreibtisch der Literaturhauswohnung steht. Wenn das keine Inspiration ist! Unter den Fenstern der Wahlspruch des Gesangsvereins, ZPĚVEM K SRDCI, SRDCEM

K VLASTI – MIT DEM GESANG ZUM HERZEN, MIT DEM
HERZEN ZUM VATERLAND – doppelte Inspiration, von
oben und von unten zugleich, eine Sandwichpa-
ckung der Kunst, so wie Vergangenheit und Gegenwart eine Doppelpackung bilden und ehe
man sich versieht, weitere Schichten einziehen,
das zehnjährige Republikjubiläum von 1928, als
alle Spannungen zu verschwinden schienen, die
dunklen Jahre von 1938 bis 1948, als das jahr-
hundertalte Gewebe des Zusammenlebens für immer zerrissen wurde, die aufkeimende Hoffnung
des Prager Frühlings und seine Niederschlagung,
das glorreiche Jahr 1989 und seine europäische
Wende.

Im Vortragssaal der Stadtbibliothek findet ein
Abendkonzert mit Klezmermusik statt, den der
deutsch-tschechische Zukunftsfonds unterstützt,
in der ersten Reihe der israelische Botschafter,
viele Künstler, deren Bilder während der musika-
lischen Darbietung als Hintergrund eingeblendet
werden. Den Anfang machen sieben kleine Mädchen mit Kinderharfen, Prinzessinnen, von denen jede ein andersfarbiges Kleid trägt, die einen
noch ganz kindlich, die anderen schon damenhaft
selbstbewusst, dirigiert von einer jungen Frau
mit blauem Petticoat und hellbeigen Pumps, die
so hoch, als stünde sie auf Stelzen, so hebt und
senkt sie die Arme mit zackigen Bewegungen
und gibt den kleinen Musikantinnen unmissverständlich genaue Einsätze. Es folgt die Kaschauer
Klezmer Band aus der Slowakei mit Bandleader

Vladimír Sidimák an der Klarinette und František Kováčik an der Geige. *Yerushalayim Shel Zahav* heißt das erste Lied, das berühmte Lied des Sechstagekriegs von 1967, wie Peter Brod, der unermüdliche Mittler Prager Befindlichkeiten, erklärt, „Jerusalem aus Gold und aus Kupfer und aus Licht, lass mich doch, für all deine Lieder, die Geige sein ...", das Lied, das zur zweiten Nationalhymne Israels wurde. Hinreißend die Sängerin Marina Eštoková, ihr Gesang, ihr Charme, wunderbar, wie sich Klarinette und Geige zur Improvisation anstacheln, wie akustische Jonglierbälle über die Bühne fliegen, die Musiker mit ihren Hüten auf und niederwippen. Das Publikum ist begeistert, bei *Dona, dona* singt der ganze Saal mit. Nach der Pause treten Klezmers Techter auf, eine dreiköpfige Frauenband aus Deutschland, virtuos und professionell, aber ohne den Schwung und die Ausstrahlung der slowakischen Musiker. Wie auch immer, ein bewegender Abend, Musik, Musik und die wechselnden Bilder der Maler im Hintergrund.

\*

DER FLIEGENDE ROLAND UND DAS STEINERNE LIEBESPAAR

Donnerstag, 4. April. Erste Streifzüge durch die nähere Umgebung, Suche nach dem fliegenden Roland, einem grauen Mann mit Aktentasche, der an einem Regenschirm durch die Lüfte schwebt. Nur aus dem Augenwinkel beim Weg vom Literaturhaus zur Wohnung gesehen. Ich brauche nur zurückgehen, vom Mánes die Myslíkova hinauf, und tatsächlich, Ecke Odborů öffnet sich ein kleiner Platz, schwebt der Mann über den Köpfen. Die Aktentasche in der Rechten zieht ihn nach unten, der Schirm in der Linken nach oben, beide Arme lang gestreckt, er stürzt nicht und steigt nicht, gleichstark die himmlischen und irdischen Kräfte. Gequält blickt er nach unten, belächelt von zwei grinsenden Fratzen an der weißen Hauswand, hinter ihm eine Madonna mit goldenem Zepter und Jesuskind, die nicht helfen kann, festgebunden mit einem Netz unter einem Baldachin an der Wand.

Unten an der Straßenecke eine Boulangerie mit großen Fenstern und goldenen Buchstaben, die sich zu einem „Petit France" verbinden, das einen Café au Lait und französische Croissants anbietet. Die Gäste, die hereinkommen, sprechen Englisch, die Leute, die draußen vorbeigehen, haben kaum einen Blick für das Café. Umso mehr interessiere ich mich für sie, für die Straße und die Häuser. Je süßer das Croissant schmeckt, umso weiter wandern die Blicke am ockergelben Haus

auf der gegenüberliegenden Straßenseite nach
oben, umso intimer wird die Szenerie. Auf dem
Giebel über dem Fenster lagert ein nacktes Paar,
er mit Bart und gelocktem Haar, den Kopf auf den
Ellbogen gestützt, sie in spiegelbildlicher Pose,
Brüste und Scham der Straße zugekehrt, ihre Blicke suchen und begehren sich, doch sie kommen
sich nicht näher, ein Band mit hohen, spitzen,
dicht nebeneinander stehenden Nadeln, das die
Tauben fernhält, macht die Liebe des steinernen
Paares ganz und gar unmöglich.

Abends erzählt František Černý im Wirtshaus
U Nováka von seiner Zeit als Botschafter in Berlin. Unter dem Eingang zur Küche, über dem ein
Schild mit der deutschen Aufschrift „Achtung!
Staatsgrenze!" hängt, bleibt er erschrocken stehen. Die Zeiten sind lange vorbei, sagt er, als wir
vor solchen Schildern Angst hatten, und doch
lösen sie immer noch einen Schrecken aus. Wie
viele Menschen haben an sie ihre Hoffnung auf
ein freies Leben geknüpft, wie viele sind hinter
ihnen verfolgt und erschossen worden! Ja, ja, sagt
der Wirt, natürlich, so war es, und ist doch schon
lange vorbei. Für ihn hat das Schild nur noch
einen Flohmarktwert aus der Lebenswelt seiner
Eltern.

\*

NACHBARSCHAFTEN DES SEHENS

Freitag, 5. April. Wie es der Teufel will, ein unauf-
schiebbarer Termin, kurzfristige Rückfahrt nach
München, die Gedanken aber bleiben in Prag, in
der Stadt, die schon nach wenigen Tagen dieses
doppelte Sehen bewirkt, diese Ästhetik des Her-
ausschneidens und die Ästhetik der Nachbar-
schaft. Man braucht nur einen Reiseprospekt über
Prag oder Venedig aufzuschlagen. Während der
Blick des Fotografen ein Objekt einfängt, die Karlsbrücke, den Markusplatz, eliminiert er alle Er-
scheinungen, die den schönen Eindruck stören,
Betrunkene, die unter einem Brückenheiligen liegen, weggeworfene Bierkonserven vor der Mar-
kus-Basilika. Kein Urlaubsprospekt würde solche
Bilder zeigen, keine Urlaubsrealität kommt ohne
sie aus. Aber nimmt man sie wahr, sieht man sie
überhaupt?
     Die Wechselwirkung von Fokussierung und Eli-
minierung selbst bei weit geöffneten Augen,
wenn nur der Wunsch stark genug ist, zum Beispiel eine Stadt auf den Spuren eines berühmten
Dichters zu erleben. Wie viele Besucher tappen
auf der Suche nach Kafka durch Prag, stehen mit
Ahs und Ohs vor der Bronzetafel am Eck seines
Geburtshauses, lauschen am Altstädter Ring dem
Nachhall seiner Schritte, oder warten im Garten
des Belvederes, bis er mit seinem Freund Max
Brod vorbeischlendert, der von einem Auftritt ost-
jüdischer Schauspieler schwärmt, so war es doch,

darüber haben sie gesprochen. Die Wahrnehmung der Stadt lässt sich so weit reduzieren, die eigene Sicht so weit vergrößern, dass man glaubt, alle Einheimischen müssten eine Ahnung von Kafka haben. So ist es einmal einem deutschen Kulturstaatsminister ergangen. Er hatte den Stadtplan im Hotel vergessen und war eine halbe Stunde durch die Stadt geirrt, bevor er die Konferenz gefunden hatte, die er eröffnen sollte. Keiner der Prager Passanten konnte ihm sagen, wo sich das Haus der Kafka-Gesellschaft befindet.

Ja, man kann alles andere ausblenden, wenn man nur stark genug fokussiert ist, man kann die tschechische Literatur, ihre Kunst, ihre Musik, ihre Architektur vollkommen übersehen, die Häuser mit ihren gotischen, barocken, jugendstilhaften und funktionalen Fassaden, die Durchgänge, Höfe und Pawlatschen, die Vielzahl der engen und engsten Gassen, die immer wieder anderen Muster der Pflastersteine auf den Gehwegen, die grellen Ladenschilder über den alten Portalen, die schreienden Werbeplakate, die lärmenden Autos, surrenden Straßenbahnen und heulenden Polizeisirenen, das Gedränge und Geschiebe der Touristen, die Andenkenläden, Minimärkte, Zeitungsstände, Bankautomaten und Wechselstuben, die Zigarettenkippen zwischen den Pflastersteinen, die Gedenktafeln, die an den Aufstand vom Mai 1945 oder den Astronomen Tycho Brahe oder den Schauspieler Jan Werich erinnern, an die Erotik der steinernen Wand- und Dachfiguren,

Oben: Der Mattoni-Adler neben der Autobahn.

Unten links: Fußgänger und ihre Schatten am Masarykkai.

Unten rechts: Historische Empfangshalle im Prager Hauptbahnhof.

OBEN: Das Mánesgebäude bei Nacht • UNTEN LINKS: Der fliegende Roland vor dem Haus Myslíkova Ecke Odborů • UNTEN RECHTS: František Černý im Gasthaus U Nováka in der V Jirchářích Ecke Pštrossova.

die nackte Frauen in verführerischen Posen und
athletische Männer zeigen ... All das lässt sich
übersehen, verdrängen, eliminieren, wenn man
als westlicher Bildungsbürger allein auf einen
Schriftsteller fixiert ist und ihm nahe zu kommen
glaubt, sobald man vor dem Haus steht, das dort
errichtet wurde, wo einst sein Geburtshaus
stand. Aber was hat man von der Stadt, von ihrer
Geschichte, ihrer Kultur, ihren vibrierenden Ge-
gensätzen, was hat man von ihrer Gegenwart
wirklich mitbekommen?

*

EIN GEFÜHL DES NACHHAUSEKOMMENS

Samstag, 6. April. Am Münchner Hauptbahnhof
Fußballfans mit roten Schals und Bierflaschen, Po-
lizisten, Jugendliche, Touristen und in der Sonne
glitzernde Gleise, auf denen ICE-Züge wie Schiffe
in den Hafen einlaufen und S-Bahnen abfahren,
als ob ihre Zielstation Hamburg hieße und nicht
nur Tutzing oder Holzkirchen. Im Zug nach Prag
über allen Sitzen grünleuchtende Buchstaben, „Ex-
press Reservation", die ins Tschechische wechseln,
*Expresní rezervace*, doch der Wagen wird hinter
Regensburg immer leerer, nach Furth im Wald
nur noch zwei Frauen, zwei Lehrerinnen im Ab-
teil, die ihr berufliches Umfeld und ihre Reise
nach Prag besprechen und ihre früheren Reisen
und ihr berufliches Umfeld und ihre Reise nach
Prag ... ohne Unterlass, ohne Pause, während der
ganzen Fahrt. Kurz vor Cham fallen die Sonnen-
strahlen so schräg, dass die Bäume neben dem
Zug aufglühen und sich über ihren Wipfeln ein
ziehendes Luftfeld öffnet, in dem sich das Fern-
weh mit einem Gefühl der Unbehaustheit mischt,
die alte Sorge des Reisenden, wo sich eine Unter-
kunft finden mag, wenn die Dämmerung naht,
Schutz vor Kälte, Regen und Räubern.

Eine viertel Stunde später, hinter Furth im
Wald, sinkt ein grauer Schleier auf das Land und
malt die Umrisse eines düsteren Sees neben Bäume, die alle Farbe und alles Licht verloren haben.
Immer heller leuchten die Lampen des Abteils,

gleitet ihr Licht über die leeren Lehnen der Sitze, die sich in den Scheiben spiegeln. Nach jedem Bahnhof ein Gong, werden die Reisenden auf Tschechisch, Englisch und Deutsch informiert, in welchem Zug sie sitzen, wie die nächste Halte-stelle heißt. Ein jugendlicher Getränkeverkäufer schiebt seinen Wagen durch den Gang und bietet vergeblich Wasser, Kaffee und Snacks an. Niemand will etwas haben, niemand zieht seinen Geldbeu-tel aus der Tasche. Die meisten Touristen fahren mit dem Bus, der schneller und billiger ist. Waren das noch Zeiten, als ein tschechischer Speise-wagen von Zürich über München bis Prag mit-fuhr, in dem es richtiges Besteck und Porzellan-teller gab, in dem noch richtig gekocht wurde, gebraten, gebrutzelt und herausgebacken, die bes-ten Palatschinken auf der Welt. Wenn sich baye-rische und tschechische Spitzenpolitiker treffen, werden die Zeitungen wieder berichten, dass der Ausbau der Bahnverbindung höchste Priorität be-sitzt, so wie beim letzten, beim vorletzten, beim vorvorletzten Treffen. Wenn der Getränkemann noch einmal kommt, werde ich ein Bier kaufen, eine Blechbüchse gegen die Phantomschmerzen, die der fehlende Speisewagen erzeugt.

In Pilsen verliert sich der leere Bahnsteig in der spiegelnden Scheibe, in Smíchov steige ich aus, nehme die Metro und schlängle mich durch lautstarke Pulks jugendlicher Nachtschwärmer. Endlich sperre ich die Wohnung auf, ein Gefühl des Nachhausekommens schon nach diesen

wenigen Tagen, der Blick durch das Fenster auf
den schimmernden Laurenziberg, auf die Ufer-
straße hinunter, auf die ameisenkleinen Fußgänger, das Rauschen der Moldau im Ohr, ein
wunderbar schwebendes Gefühl, als ob ich nicht
wüsste, dass die Zeit begrenzt, die Wohnung nur
noch drei Wochen mein Zuhause ist.

\*

DER HEILIGE ADALBERT, LANGWEIL UND DIE NEUE WELT

Sonntag, 7. April. Im Internet die Nachricht, Bay-
ern München habe Dortmund 5:0 „gedemütigt". Ja,
wenn das so ist, mache ich mich unbesorgt auf den
Weg zur Kostel sv. Vojtěcha, zur St.-Adalbert-Kir-
che, fünf Minuten um die Ecke, wo bereits Gläubige
sitzen und mit murmelnd-litaneihafter Stimme
den Rosenkranz beten. Ein Mädchen mit gefloch-
tenem Haarzopf und kamelbrauner Jacke steht
neben der Sakristei und läutet eine Glocke, die
Messe beginnt. Zwei Pfarrer und 13 Ministranten
ziehen zur Orgelmusik ein. Es gibt viel Weih-
rauch, einige Unsicherheiten und Anleitungen.
Jeder hat eine Aufgabe. Ein kleiner Ministrant,
hält unterstützt von einem älteren, die Bibel hoch
über seinen Kopf, damit der Pfarrer daraus lesen
kann. Zwei Oberministranten schwenken das
Weihrauchfass, zwei Kleinkinder bringen mit
trippelnden Schritten die Schale mit Hostien zum
Altar. Die Predigt findet von der Kanzel aus statt.
Hoch über den Köpfen der Gemeinde spricht der
Pfarrer mit warmer Stimme ins Mikrofon. Ich
verstehe zu wenig, lausche mehr auf Rhythmus
und Intonation, achte auf Gesten und Mimik.
Auch die Hostien werden anders verteilt. Die
Kirchenbesucher treten vor, bilden eine kniende
Reihe, jede Hostie wird direkt in den Mund gege-
ben und zuvor in den Wein des Kelches getunkt.
Nach dem Schlusssegen formieren sich Pfarrer
und Ministranten zu einer kleinen Prozession, sie

halten und beten vor zwei Seitenaltären, bevor sie in der Sakristei verschwinden.

Draußen wärmt die Sonne, glänzende Fassaden und sanfte Schatten, das beschwingte Sonntagsgefühl früher Kinderjahre. Im Museum der Hauptstadt Prag, wo wir 1990 unsere Ausstellung über deutsche Emigranten zeigten, bin ich der erste und lange der einzige Besucher. Die Mitarbeiter, durchwegs ältere Damen, sind überaus hilfsbereit und freundlich. Im Souterrain wird ein 3-D-Film über das berühmte Stadtmodell von Antonín Langweil gezeigt, als ob man in einem Miniaturauto säße, das sich unversehens in ein Flugzeug verwandelt, fährt und fliegt man durch die Papierweltgassen, die maßstabgetreu die Stadt des 19. Jahrhunderts darstellen und durch den 3-D-Effekt groß und lebensecht wirken. Das ist umwerfend. Über die historische Empfangshalle im Hauptbahnhof aber gibt es auch hier keine Auskunft, keinen Fotoband, kein Buch. Seltsam, dass ausgerechnet dieses Gebäude, das für viele Reisende das Eingangstor zur Stadt ...

Mit der Linie 22 über die Moldau und durch die Kleinseite zur Burg hinauf. Die Kontrollen am Zugang locker und freundschaftlich, nur noch wenige Besucher unterwegs, es ist bereits gegen fünf, auf dem weitläufigen Platz, dem Hradčanské náměstí vor dem ersten Burghof, flimmern die Pflastersteine im Spätnachmittagslicht, auf den Dächern tanzen Schattenfiguren. Hinter dem Tor der Giganten wehen die tschechische und die Europafahne, einer der Riesen zückt seinen Dolch so nahe vor den europäischen Sternen, dass man nicht weiß, ob er sie mit aller Kraft verteidigen oder zerreißen will, ob er für oder gegen Europa ist. Vielleicht wartet er auf ein Zeichen von Präsident Masaryk, der die Besucher schräg gegenüber mahnt „*nebát se, nelhát a nekrást*". Ich nehme es mir zu Herzen, fürchte mich nicht, lüge und stehle nicht, sondern kaufe in der Wirtschaft Zum Schwan ein Schnitzel, trinke ein ehrliches Bier und zur Verdauung mutig einen Becherovka. Gestärkt suche und finde ich die Neue Welt, eine schmale gewundene Gasse mit kleinen geduckten Häusern, die zum einstigen Domizil des Astronomen Tycho Brahe führt, das den Hausnamen Zum goldenen Greifen besitzt. Hier waren Brahe die Planeten zum Greifen nahe, damals im Jahr 1600, als es noch kein Fernrohr gab, hatte es ihm der Mars besonders angetan, dessen Bahn er immer genauer berechnete, so genau, dass schließlich sein Schüler Johannes Kepler ...

Aber das führt zu weit, viel zu weit weg von der Erde, ich stehe mit beiden Beinen in der Neuen Welt, höre Kinderstimmen und Vogelgezwitscher, stehe vor der geschlossenen Holztüre der Kavárna Nový Svět, durch deren Oberfenster eine Katze aus Papiermaschee mitleidig zu mir herunterblickt. Musst halt früher kommen, kein Bier und keinen Becherovka im Schwan trinken. Am Ende der Gasse einer der zweisprachigen Straßennamen, der einst nicht beseitigt und dann vergessen wurde, direkt auf die Hauswand gemalt, nach 1989 aufgefrischt und teilweise schon wieder verblasst „*Neuwelt=Gasse – Na novém světě*". Weiter in den Abend und zum Palais Czernin-hinauf, dem Sitz des Außenministeriums, auf dem sich die Europaflagge nicht richtig entfalten mag. Zu wenig Wind oder keine politische Begeisterung? Die grimmigen Gesichter, die von den hohen Pilastern herunterblicken, machen jedem Besucher klar, dass solche Überlegungen ganz und gar unangemessen sind.

*

Oben: Die Masaryk-Statue auf dem Hradschinplatz vor dem ersten Burghof.

Unten links: Einer der Giganten über dem Burgtor.

Unten rechts: Eingangsfassade des Absinth Shop in der Bartolo-mějská.

Zweisprachige Straßenbezeichnung der Neuwelt=Gasse/Na novém světě.

BERÜHMTE NACHBARN

Montag, 8. April. In der Wohnung unter mir übt die Sängerin Jiřina Marková-Krystlíková, wie ich dem Namensschild im Treppenhaus entnehme, die von 1978–2001, wie das Internet verrät, als Solistin an der Oper des Nationaltheaters tätig war und u. a. als Mařenka in Smetanas *Verkaufter Braut,* als Rusalka in Dvořáks gleichnamiger Oper und als Pamina in Mozarts *Zauberflöte* aufgetreten ist, die am Prager Konservatorium als Professorin für Gesang unterrichtet und künstlerische Leiterin des Ensembles der Prager Kinderoper ist. Hut ab und eine tiefe Verbeugung. Bei jedem Vorbeigehen bleiben die Blicke im Treppenhaus am Briefkastenschlitz ihrer Tür hängen, der mit aufgeklebten Noten- und Blumenbildern verziert ist. Beim Rundgang durch die näheren Straßen stellen sich weitere Berühmtheiten ein. Die Grundschule in der Vojtěšská entpuppt sich als *Brána jazyků*, als Tor zur Sprache, am Eingang zum Pfarrhaus der St.-Adalbert-Kirche erinnert ein Aushang, dass hier Dvořák als Organist tätig war, und am Nachbargebäude weist eine Tafel darauf hin, dass hier am 15. September 1890 durch Verdienst der berühmten Schriftstellerin und Frauenrechtlerin Eliška Krásnohorská, das erste Mädchengymnasium Mitteleuropas eröffnet wurde.

Da kann es gar nicht anders sein, als dass ein Engel über diesem Viertel schwebt, und tatsächlich, unter dem Dachgiebel des grünen Hauses, gleich um die Ecke, breitet er seine weißen Flügel aus, zwei Stockwerke tiefer allerdings langweilt sich ein junges Paar und blickt frustriert voneinander weg, er halb auf den Fensterrahmen gestützt, sie ein Tuch an die Brust gedrückt, noch tiefer, schon auf der Straße, ein Eichhörnchenladen, nein, kein *veverka*, sondern ein *večerka*, ein Zapfenstreichladen, in dem es alles zu kaufen gibt, was der Hunger der Touristen und vielleicht auch einiger Anwohner begehrt.

*

100 JAHRE TSCHECHOSLOWAKEI

Dienstag, 9. April. Im Theatercafé Ypsilon in der
Spálená sind fast alle Tische leer. Ein telefonieren-
der Jüngling und ein in Gedanken versunkener
alter Mann stellen die einzigen Gäste dar. Ein ide-
aler Ort, um zu lesen und zu schreiben, bis zu dem
Augenblick, da zwei aufgetakelte mittelalterliche
Damen hereinkommen, sich an den Nachbartisch
setzen und gleichzeitig zu sprechen und zu lachen
beginnen. Einen Augenblick höre ich erstaunt zu,
dann wird mir schlagartig klar: Das müssen zwei
Simultandolmetscherinnen sein, welche es bra-
vourös verstehen, gleichzeitig zu hören und zu
sprechen, so lautstark und professionell, dass sie
mich nach zehn Minuten wachsender Verzweif-
lung zum Aufbruch treiben.

Im wiedereröffneten Nationalmuseum, dessen
Treppenhaus beeindruckend groß und herrschaft-
lich weit ist, warten 100 Jahre Tschechoslowakei,
*100 let Československa,* eine Ausstellung, die letztes Jahr schon in Pressburg zu sehen war und mit
tschechischen und englischen Texten zu einer
geschichtlichen Wanderung durch die Jahrzehnte
einlädt. Bereiche wie Unterricht, Mobilität, Frei-
zeit, Sport, Kunst, Religion und Medien werden
ausführlich behandelt und durch Originalexpo-
nate veranschaulicht, von einem Klassenzimmer
mit zerkratzen Schulbänken, über alte Telefone
und Schreibmaschinen bis zu Uniformen, Waffen
und dem Kopf der 1918 zerstörten Mariensäule

vom Altstädter Ring. Dem tschechisch-slowaki-
schen Verhältnis werden sensible Worte gewid-
met, bis hin zum „paternalistischen" Auftreten der
tschechischen Brüder während der Ersten Republik, die Minderheitenfrage der Deutschen dagegen wird seltsam förmlich und steif abgehandelt,
mit hochgezogenen Schultern sozusagen. „Breite
Nationalitätenrechte (...) wurden auf der einen
Seite in Übereinstimmung mit der tschechoslowa-
kischen Rechtsordnung umgesetzt, auf der anderen Seite haben diverse deutsche und ungarische
politische Parteien nach Hitlers Machtergreifung
den offenen Kampf gegen den tschechoslowa-
kischen Staat aufgenommen", heißt es in der
deutschsprachigen Begleitbroschüre. Wenn es
nur so einfach und klar gewesen wäre. Die Enteig-
nung des Ständetheaters, die Tonfilmaffäre, das
jahrelange Bemühen um Staatspreise für deutsche
Künstler, die sudetendeutschen Antifaschisten und
Kämpfer für den Erhalt der Republik, alle diese
Punkte, die etwas Selbstkritik und Empathie erfor-
derten, bleiben unerwähnt. Da ist die deutsch-
tschechische Historikerkommission, die schon
vor zwanzig Jahren von einer Politik der „Nadel-
stiche" gegenüber der deutschen Minderheit
sprach, weitaus kritischer eingestellt, und das
deutsch-tschechische Gesprächsforum der Gegenwart hat längst ein Sensorium für die Verletzungen
aller Seiten entwickelt.

Vor der Tür zu meinem Domizil stoße ich auf
einen jungen Mann, der fast denselben Weg hat.

Er grüßt höflich, steigt vor mir die Treppe hinauf, klingelt an der Tür der Sängerin, deren rundes, freundliches Gesicht kurz zu sehen, und verschwindet in der Wohnung. Wenige Minuten später höre ich seine Stimme heraufklingen, wie er die Tonleiter und Mozarts Papageno übt. Papapapageno, so bekommt die Internetinformation ihre Bestätigung, und aus der unsichtbaren Morgenstimme wird eine Opernsängerin, die am Nachmittag Unterricht erteilt.

\*

HELDEN DES WIDERSTANDS

Mittwoch, 10. April. In der Einkaufsgalerie Atri-
um am Karlsplatz reihen sich drei Etagen von Ge-
schäften hinter Glasscheiben um einen großen,
hohen Innenraum, in dessen Mitte ein offenes, le-
diglich von niedrigen Seitenwänden und Pflan-
zen umgrenztes Café befindet, das CrossCafé, wie
eine weiße Schrift auf roter Tafel verkündet. Lampen und Stromanschlüsse an einigen Tischen, an
denen junge Leute sitzen, die im Internet recher-
chieren oder Liebesbotschaften nach Amerika
schicken. Da möchte man noch einmal Anfang 20
sein und mit den Mädchen flirten, mit der Dun-
kelhaarigen vielleicht, die gerade die Rolltreppe
vom Postamt herunterfährt, das selbst am Sonntag von 9 bis 17 Uhr geöffnet hat, gut zu wissen,
dass es das gibt, dass man schon vierzig Jahre
älter ist und erwachsene Töchter hat, die längst
auf eigene Studienjahre zurückblicken.

   Vor der St.-Cyrill-und-Method-Kirche halte ich
eine Gedenkminute für die Heydrich-Attentäter ab
und entdecke unter der Treppe den Eingang zum
*Národní památník hrdinů heydrichiády,* der natio-
nalen Gedenkstätte der Helden der Heydrichiade.
Eine unscheinbare braune Doppeltüre mit schma-
len Fensterstreifen, einer tschechischen Fahne und
einer Informationstafel, die über die Öffnungs-
zeiten informiert. Der Eintritt ist frei. Im Inneren
ein düster wirkender Raum mit braunen Schau-
kästen, in denen kleinteilige Informationen in

tschechischer und englischer Sprache sowie Fotografien und Dokumente den Ablauf des Attentats
und seiner Folgen Tag für Tag darstellen. In der
Mitte eine Glasvitrine mit Stuhl und Bild des Pa-
triarchen, an der Theke ein freundlicher Mann,
an der Wand Bücher zum Thema, die nicht zu
kaufen sind. Die Installation macht einen leicht
verstaubten Eindruck, gleichwohl vermittelt sie
eine lähmende Betroffenheit.

Eine schräg stehende, rostbraune Türe öffnet
den Weg zur Krypta, die keiner modernen Insze-
nierung und keiner hellen Ausleuchtung bedarf.
Hier wirkt die unterirdische Atmosphäre so echt,
wie sie kein Museum fingieren könnte, obwohl
auch hier Gedenktafeln und Büsten stehen und
sogar Fotografien der toten Attentäter zu sehen
sind. Das ist der Raum, in dem sie 1942 tatsächlich gestanden sind, hier haben sie sich verschanzt,
gegen Einschüsse, Gasattacken und Wasserfluten
gewehrt, hier haben sie immer verzweifelter ge-
hofft und mit den letzten Kugeln sich selbst das
Leben genommen. Erschüttert steht man zwischen
den leeren Grabnischen und blickt auf den Schacht
zur Straße, durch den das Licht so gleißend fällt,
als ob es eine göttliche Botschaft brächte. Es
bringt jedoch keine Erlösung, macht nur den Ge-
gensatz zwischen der Brutalität der Verfolger
und der Ausweglosigkeit der Eingesperrten sichtbar, denen die Kirche zur steinernen Mausefalle
wurde. Benommen kehrt man in den Vorraum
der Hölle zurück, wirft ein Fünfzigkronenstück in

einen Geldschlitz an der Wand, als ob man sich
von der Geschichte freikaufen könnte, und nimmt
einen Stadtplan mit, auf dem das Schicksal der
Menschen dargestellt wird, die den Attentätern
Unterschlupf gewährt haben. Schließlich steht
man wieder im Tageslicht auf der Straße und
liest entsetzt, dass ganze Familien in das Konzen-
trationslager Mauthausen gesperrt und dort umgebracht wurden, Eltern, Töchter und Söhne, die
meisten am 24. Oktober 1942, an einem Tag, an
dem sich das Regime noch einmal für das Attentat rächte, Monate nach Lidice und dem Ab-
klingen der Heydrichiade.

Eine halbe Stunde später in der Wohnung von
František Černý, der zu den Leuten zählt, die die
Sinnhaftigkeit des Attentats bezweifeln, nicht weil
sie die Verbrechen Heydrichs bagatellisieren, sondern weil sie sich fragen, ob es richtig war, all die
absehbaren Folgen, Folterungen und Hinrich-
tungen, die das Attentat nach sich zog, in Kauf zu
nehmen. Beneš wollte im Londoner Exil ein weithin sichtbares und anerkanntes Zeichen des tschechischen Widerstands haben, der heimatliche Widerstand betrachtete die Sache offensichtlich nicht
so eindeutig. Wer mochte recht behalten, wie viele
Menschenleben durfte man opfern, wer könnte
heute eine eindeutige Antwort geben? Wie so oft
lassen sich die unterschiedlichen Ansichten nicht
harmonisieren, weder politisch noch moralisch.
Manchmal ist politisch erfolgreich, was moralisch
verdammenswert ist, und die verantwortlichen

OBEN LINKS: Fassade des Cafés Ypsilon in der Spálená • OBEN RECHTS: Fassadenfiguren am grünen Haus in der Vojtěšská • UNTEN LINKS: Gedenktafel für Eliška Krásnohorská am Gebäude des ersten Mädchengymnasiums neben der St.-Adalbert-Kirche • UNTEN RECHTS: Ausstellungshinweis des Nationalmuseums.

OBEN: Gedenkraum für die Heydrich-Attentäter in der Krypta der St.-Cyrill-und-Method-Kirche.

UNTEN LINKS: Das Šikýř-Rott-Motorrad „Satan" im Technischen Museum.

UNTEN RECHTS: Milan Augustin und Stanislav Burachovič in Karlsbad.

Politiker machen sich schuldig, weil sie etwas be-
fehlen oder etwas verbieten, etwas unterlassen
oder etwas tun, das ist die tragische Dimension
der Politik.

Lange sitzen wir um einen kleinen rechteckigen Tisch, trinken ein Glas Rotwein und sprechen
über Černýs Kindheit in den 1930er Jahren, die
sich weitgehend zwischen zwei Moldaubrücken,
der Jirásek- und der Legionen-Brücke abgespielt
hat. Das Aufnahmegerät läuft und Černý gibt seinen Erinnerungen freien Lauf: Er gehört zu den
wenigen Menschen, die noch im Alter dort wohnen, wo sie aufgewachsen sind. Im Nachbarhaus
wohnt Pavel Kohout, sie könnten sich durch Klopf-
zeichen verständigen. Wenige Häuser weiter befindet sich die Literaturhauswohnung, wir könnten uns, wenn wir uns weit genug aus den
Fenstern lehnten, Winkzeichen geben, lassen es
aber lieber bleiben, um nicht einen weiteren Fens-
tersturz zu verursachen, der in der Prager Geschichte allzu oft vorgekommen ist, von den Rats-
herren des 15. Jahrhunderts bis zu Jan Masaryk
und Bohumil Hrabal. Černý meint, das Schöne an
den Erinnerungen sei, dass die Lücken immer
größer werden. Mir scheint, das Gedächtnis be-
steht aus einer Vielzahl von Inseln. Während man
die einen bei jedem Besuch weiter ausmalt, versinken andere in das Dämmerlicht der Unterwas-
serwelt. So werden viele Erinnerungen zu Tauch-
fahrten, die oft genug vergeblich sind und oft zu
großen Überraschungen führen.

## DIE WINTON-KINDER

Donnerstag, 11. April. Mittags zum Hauptbahnhof, zur alten Empfangshalle, die mich immer wieder magisch anzieht und zu der Passage, die genau unter der Halle zu den Bahnsteigen führt. Durch eine große halbmondförmige Öffnung sieht man hinunter, sieht man hinauf, bis zu den Figuren und Wappen an der Wand. Von unten betrachtet stehen sie so schräg und hoch im Raum, dass einem ganz schwindlig wird. Was mag da erst der Blick eines eiligen Fahrgastes erfassen, der zum Zug oder in die Stadt eilt, nur kurz nach oben blickt, nur aus dem Augenwinkel die unerwartete Höhe und gelbe Pracht des alten Wartesaals aufnimmt. Denn stehenbleiben kann er nicht, schon gar nicht zurückkommen und länger nach oben schauen, der Zug wartet nicht, die Stadt saugt ihn auf, er muss sich auf seinen Beruf, sein Leben konzentrieren, er hat keine Zeit. Ich aber habe Zeit, ich komme zurück und gehe noch einmal hin, hin und zurück, und schaue nach oben und nach unten, auf die Wände der Unterführung und entdecke Kinderhände, die sich durchsichtig und weiß im Mattscheibenfenster einer dunkelgrünen Tür mit zwei goldenen Klinken abzeichnen, eine künstlerische Installation auf einer Marmorplatte, die an die Winton-Kinder erinnert, an jüdische Kinder, die nach England ausreisen durften. Sir Nicholas George Winton, der ursprünglich Wertheimer hieß und

das unglaublich hohe Alter von 106 Jahren erreichte, er starb 2015, war Weihnachten 1938 in
Prag, sah das Elend der Emigranten und setzte
sich dafür ein, dass wenigstens Kinder jüdischer
Familien ein Visum für Großbritannien erhielten.
Mehr als 600 hat er auf diese Weise gerettet. Wie
schwer muss es den Eltern gefallen sein, sich von
ihren Kindern zu trennen, was für ein Leid, wie
viele Tränen, die einzige Hoffnung, ihnen das Über-
leben zu sichern, sie nach Großbritannien zu schicken, während die Eltern selbst zurückbleiben
mussten, weil sie kein Visum bekamen. Viele von
ihnen, die meisten, wurden in den Konzentrations-
lagern der Nationalsozialisten umgebracht.

Ich kann nicht länger stehen bleiben, laufe zu
den Bahnsteigen, laufe wieder zurück, schaue auf
die Kinderhände, fahre mit der Rolltreppe zum
alten Wartesaal hinauf. Mitten in der schönen
Jugendstilhalle klafft ein Abgrund der Geschichte,
weht von der Unterführung ein kalter Luftzug in
die Gegenwart herauf. Verzweifelt schaue ich zu
den weißen Steinfiguren, die von den gelben Wänden so friedlich herunterschauen und entdecke,
dass es lauter Frauengestalten sind, die da im
Halbkreis in der Höhe stehen, dass jede eine Krone auf den Haaren trägt, dass es Königinnen sind,
die alles, was hier in den letzten 100 Jahren passiert ist, gesehen und gehört haben. An einer von
ihnen bleiben meine Blicke hängen, an der dritten
von links, die hoch und schlank zwischen zwei
Fenstern steht, den Kopf zur Seite geneigt, das

Haar bis auf die Schultern fallend, die Augen halb geschlossen. Ich kann sie nicht richtig sehen, aber ich höre, ich bilde mir ihre Stimme ein, niemals, sagt sie, wir hätten es verhindern müssen, die böhmischen Könige, wir hätten es nicht zulassen dürfen. Ich verstehe sie kaum, aber sie erklärt nichts, wiederholt sich nicht, schweigt. Und ich gehe und weiß, dass ich noch lange nicht ange-kommen bin, dass ich erneut kommen muss, jetzt, da ich mit einer der Königinnen gesprochen habe, dass ich sie immer wieder fragen muss, bis sie mir alles erzählt, was sie gesehen hat.

Eine Stunde später im Technischen Museum hinter dem Letná-Park. Eine große Halle mit um-laufenden Gängen, auf denen die Entwicklung von Fahrrädern und Motorrädern im Zeitraffer erleb-bar wird, auf denen man mit jungen Männern der 1930er und 1940er Jahre ins Fachsimpeln gerät, ob die Praga BD 500 Maschine nicht allemal schneller als die Jawa 350 RV, und die Jawa 250 nicht letztlich doch besser als die BMW R11 war, mit der die Wehrmacht nach Prag gekommen ist. Mit der Satan-Maschine, Jahrgang 1930, 540 Ku-bik, darin sind sich alle einig, kann keine andere mithalten, die stammt direkt aus der Unterwelt. Durch die Luft schwirren Propellerflugzeuge und Düsenjäger, und am Boden treffen die Meinungen noch einmal aufeinander, vor der schwarzen Karosse des Tatra 80, mit der Staatspräsident Masaryk auf die Burg gefahren wurde. Ob die Prager Lady von 1938 mit ihrem offenen Verdeck

eleganter war als der Z-4 von 1936 mit dem Steuerrad auf der rechten Seite, darüber streiten wir,
bis das Museum schließt.

Im zweiten Stock des Klementinums stellt der
PEN-Klub die deutsche Autorin Sabine Dittrich
vor, die einige Passagen auf Deutsch, andere auf
Tschechisch liest, unterstützt von einer Dolmet-
scherin, die der Kulturstaatsministerin in Berlin
zum Verwechseln ähnlich sieht. Oder bilde ich
mir das nur ein? PEN-Präsident Jiří Dědeček begrüßt, Alena Vávrová moderiert mit beschwingter
Stimme, eine blonde Harfenistin greift beherzt in
die Seiten, aus Plastikflaschen wird Weißwein aus-
geschenkt und eine Dose mit Vanillekipferl ver-
stärkt die familiäre Atmosphäre wunderbar.

Abendrunde mit Jaroslav Šonka durch die Bars
der Kleinseite. Wie schon in Berlin hat er seine
eigenen Anlaufstellen, er kennt viele Gäste, flirtet
mit den Bardamen, nippt an seinem Wein und
weiß, dass in diesen Minuten die Welt nicht größer
ist als die Theke mit ihren Hockern und den glit-
zernden Flaschen im Hintergrund. Die Weltbe-
völkerung macht gerade einmal fünf Leute aus,
die hier nebeneinandersitzen, über den Präsiden-
ten schimpfen, von der größten Liebe ihres Lebens
schwärmen oder ein Geheimmittel gegen den
Ausverkauf Prags an die Touristen kennen, dass
sie allerdings nicht verraten. Die Worte fallen und
steigen wie Seifenblasen, nicht alle quatschen mit
in der Schlüssel-Bar U klíčů hinter der Maltheser-
kirche Maria unter der Kette, ein weißhaariger

Senior liest still seine Zeitung, ein Stadtrat erinnert an die Urkunde, die er Šonka bei einem Schwimmwettbewerb verliehen hat, eine junge Frau schaut kurz herein und will nur wissen, ob ihr Freund schon da war, den keiner gesehen hat.

In der Kafírna u sv. Omara wird mit einem Gläschen Sekt auf einen Geburtstag angestoßen, die durchwegs älteren Semester sitzen und stehen im Halbkreis um die Bar, es gibt ein Gläschen Wein und noch eines, *vínečko bílé*, zum Ausgleich ein Stück Kuchen, weil der Magen immer lauter knurrt, der an diesem Tag kein Abendessen erhält, wir haben ja Fastenzeit. Gar nicht so spät treten wir den Heimweg an, angedudelt lande ich in meinem Domizil, die 161 Stufen in den 4. Stock hinauf sind doppelt so hoch wie sonst, aber immer noch niedrig genug, um sie zu bewältigen, wenn auch mit Hilfe des Handlaufs am Geländer.

\*

KARLSBADER APACHEN

Freitag, 12. April. Busfahrt nach Karlsbad, als ob
ich übers Wochenende meine Großeltern besu-
chen könnte, die längst nicht mehr dort leben,
vertrieben, verstorben, vergessen. Nein, nicht vergessen, in meinen Erinnerungen klingen ihre Stimmen, in Karlsbad begegne ich der unsichtbaren
Gestalt meines Vaters, der dort 1931 die Matura
machte, sehe ich ihn mit letzten Klassenkamera-
den im Hotel Pupp sitzen, eineinhalb Jahre nach
der Samtenen Revolution. Die Häuser erzählen
andere Geschichten, als die tschechischen und russischen Straßenplakate vor ihren Türen.

Im erneuerten Stadtmuseum finde ich alte Ex-
ponate, Trinkbecher, Sprudelsteine, Gemälde und
ein Stadtmodell mit Fachwerkhäusern aus der Zeit
vor dem Brand von 1604. Das 20. Jahrhundert erscheint auf einer großen Litfaßsäule mit Wahl-
plakaten. Die Wandbeschriftungen sind aus-
schließlich auf Tschechisch und Englisch. Eine
freundliche Angestellte drückt mir ein Ringbuch
mit der deutschen Übersetzung in die Hand. Da
bekomme ich zu lesen: „Am Ende vom Juli 1914
erklärte das Osterreich-Ungarn dem Serbien den
Krieg." Der Krieg „brachte die Not, die Krankheiten
sowie die Demonstrationen und die wachsende
Kriminalität. Die Stimmungen gegen Tschechen
und Juden waren kräftiger bei der deutschen Bevölkerung./ Die Entstehung der Tschechoslowakei
1918 hat hier auf den Widerstand aufgestoßen ...

Die tschechoslowakische Armee besetzte die Re-
gion. Folgende Beunruhigungen kosteten zwanzig Menschenleben."

Was für ein Deutsch und was für eine Perspek-
tive der Darstellung, die mit jedem Wort ein tiefes
Unbehagen zum Ausdruck bringt. Wie groß war
die deutsche Bevölkerung damals in Karlsbad,
wie groß die tschechische? Die antitschechischen
und antisemitischen Stimmungen bei der deutschen Bevölkerung kräftiger als, ja wie, bei wel-
cher anderen? Die antitschechischen Stimmungen
bei Tschechen etwa? Was für ein Krautsalat! 15
Minuten später, im Café Pupp, erfahre ich, was
eine gute Übersetzung ausmacht, wie man ein
internationales Publikum anspricht. Die Speise-
karte erläutert auf Tschechisch, Deutsch, Englisch
und Russisch: „Das Grandhotel Pupp bezauberte
im Laufe der Jahre durch seine Atmosphäre viele
bedeutende Persönlichkeiten, Politiker, Schriftsteller und Künstler. Hier waren zum Beispiel der
deutsche Dichter und Philosoph Johann Wolf-
gang Goethe, die Komponisten Johann Sebastian
Bach, Richard Wagner und auch Antonín Dvořák,
der Schriftsteller Franz Kafka und der Jugendstil-
meister Alfons Mucha zu Gast. Wenn Sie heute
durch das Hotel gehen, spüren Sie die Atmosphäre
der ‚guten alten Zeit'". Was für eine Wohltat, was
für eine Diskrepanz.

Wie gut, dass Freunde in der Stadt leben, dass
Milan Augustín und Stanislav Burachovič als Archi-
vare und Historiker eine andere Art des Erinnerns

OBEN: Litfaßsäule im Stadtmuseum von Karlsbad.

UNTEN LINKS: Die „Königin" in der Empfangshalle des Prager Haupt-bahnhofs.

UNTEN RECHTS: Denkmal der Winton-Kinder im Durchgang unter der Empfangshalle.

OBEN: Der Veitsdom von Westen gesehen.

UNTEN: Der Literaturhistoriker Václav Petrbok.

pflegen. Beide hüten Schätze der lokalen Vergangenheit und schreiben Flaschenpostnachrichten
für die Zukunft. In den 1960er Jahren haben auch
sie die *Winnetou*-Filme mit Pierre Brice und Lex
Barker gesehen, die Begeisterung war nicht weniger groß als bei uns, auch wenn Winnetou in
Karlsbad tschechisch und in München deutsch
sprach, was machte das schon, den Dialekt der
Indianer haben wir weder hier noch dort ver-
standen. Wenn die Apachen auf ihren Pferden
über die Leinwand galoppierten, um die „Guten"
aus den Fängen Santers zu befreien, kannte der
Jubel keine Grenzen, besonders wenn in den ersten Reihen des Karlsbader Kinos Romakinder
saßen, die sich mit den Apachen so stark identifi-
zierten, dass sie von den Sitzen aufsprangen und
die Krieger mit lauten Rufen anfeuerten, bis die
Hinterbänkler sie zur Ruhe mahnten, weil auch
sie etwas sehen und hören wollten.

*

Rückfahrt nach Prag. Hinter den Autobusscheiben
verliert sich die ferne Welt der Kindheit, Wiesen
und Felder ziehen immer fahler vorbei, Schein-
werfer streifen über Bäume, die in der Dunkelheit
zu bizarren Gestalten verwachsen. Sehnsucht nach
einer heilen Welt, die es nie gab. Irgendwer war
einen Tag in Karlsbad, irgendwo fährt ein Bus
nach Prag, irgendwann versinken diese Wochen
in der Erinnerung.

SONNTAGSSPAZIERGANG MIT HOLAN UND RUDIŠ

Sonntag, 14. April. Spaziergang über die Legionen-Brücke zum Kampa-Park hinunter, wo eine Mauermalerei ein Bild von Václav Havel zeigt, lachend und rauchend, ein Weinglas in der Hand, darunter der Spruch „Life is mystery, his life is history". Hinter der Mauer ein seltsames Freiluftgebilde mit grauem Dach und vergoldeten Himmelsbuchstaben, ein VERŠOMAT. Unter dem Dach tonnenartige Papierrollen, die senkrecht stehen und Verse von Vladimír Holan zeigen, darunter ein Gedicht:

> *„Jak žít? Jak být prostý a být doslovný?*
> *Vždycký jsem hledal slovo ...*"

> *Wie leben? Wie einfach und wörtlich sein?*
> *Immer habe ich das Wort gesucht ...*

Wie diese Zeilen übersetzen, vor allem die letzten beiden des Gedichts?

> *Aber auch dem ungeweihten Wein*
> *lässt sich nichts mehr beimischen ...*

Jetzt müsste man Věra Koubová fragen können, deren Stimme die Gedichte Holans auf wunderbare Weise zum Klingen bringt, so wie sie diese vorgetragen hat bei einer Lesung in München, nachdrücklich und nachlauschend. Die Verse drehen und drehen sich im Kopf, so gehe ich durch den

Kampa-Park. Gegenüber dem Palais Lichtenstein befindet sich eine freistehende Mauer mit einer Kopfbüste, die nicht Arnošt Goldflam zeigt, nein, nicht Goldflam, obwohl die Ähnlichkeit frappierend ist, sondern Jan Werich, den berühmten Schauspieler und Liedermacher, der hier lange gelebt hat, den Partner von Jiří Voskovec. *„Život je jen náhoda* …" haben die beiden in den 30er Jahren gesungen, damals als keiner von ihnen ahnte, wie zufällig, wie gefährlich das Leben gerade hier in Prag werden sollte.

Unter dem letzten Bogen der Karlsbrücke, an der Ecke der „Art Gallery" in der Saská steht ein junges Paar, das sich küsst. Aber ihre Liebe ist nicht so spontan, wie sie auf den ersten Blick wirkt. Sie haben einen Fotografen mitgebracht, der ein Bild von ihnen macht, genau dort, wo ein küssendes Paar an die Wand gemalt ist. So verwandelt das Bild den Platz zur Bühne und die Passanten zu Statisten, die das Bild imitieren, das wiederum ein berühmtes Bild aus Paris variiert, den Kuss von Robert Doisneau, den es nach Prag versetzt, die Frau nicht zurückgelehnt, sondern hochgestreckt, so hoch, dass sie mit einer Schuhspitze kaum noch den Boden berührt, beide Arme um den Hals ihres Freundes geschlungen.

Ganz benommen von diesem Kuss steige ich in die Straßenbahn und fahre aus der Kleinseite hinaus nach Smíchov, wo die Häuser grauer, die Fassaden glatter und die Touristen seltener sind, bis zum Busbahnhof Na Knížecí, vor dem ein großes

Plakat an einer Hauswand der Nádražní zu sehen ist, auf dem der Schriftsteller Jaroslav Rudiš für die Zeitung *Respekt* wirbt, die Zeitung, die die Welt in allen Zusammenhängen reflektiert, *ve všech souvislostech*. Neben den Bussen ein weiterer Wandplakatmann, der auf den Krach von Smíchov, „na Smíchovský třesk" und weitere 150 Jahre des Smíchover Bieres anstößt. Wer weiß, was sich die beiden Wandleute zurufen, wenn der Krach nach Mitternacht leiser geworden, wie viele Biere sie zusammen trinken, wenn dem letzten Leser die Buchstaben vor den Augen tanzen. Vielleicht überredet Rudiš den anderen, die Texte auszutauschen, damit er dafür werben kann, dass das Smíchover Bier die Welt in allen Zusammenhängen reflektiert, während der Bierfachmann auf den Krach der Zeitschrift Respekt anstößt und auf die nächsten 150 Jahre ihrer Existenz.

Am Gehweg neben dem Busbahnhof vergammeln hinter einem Gitter Stangen, Sitzbänke, ein Einkaufswagen und Bierträger eines ehemaligen Marktes, für den ein Pappschild noch den totalen Ausverkauf ankündigt, *totální výprodej*. Unter einem Plakat mit einer hocheleganten Frau, deren Diadem sich in einer Stacheldrahtgirlande hinter dem Plakat fortsetzt, steht eine abgeschabte Bank, auf der Rückenlehne werden noch weihnachtliche Comics angepriesen, Monate nach dem Christfest, halb verdeckt von einer vergessenen Lederjacke, die auf den Gehsteig herunterhängt.

Um die Ecke in der Stroupežnického wirbt ein adrett gekleideter Pappmaschee-Herr der Banka Creditas für günstige Anleihen, ohne dass der vorbeigehende Mann mit Schirmmütze, grauem Vollbart und abgetragener Jacke auch nur einen Augenblick zögert und stehen bleibt.

Auf der Straße fährt ein Rollstuhlmann an einem stehenden Bus vorbei, es sieht ganz so aus, als ob er ihn überholen wollte, als ob er trotz seiner Behinderung schneller und beschwingter unterwegs wäre als der Busfahrer, der gelangweilt hinter dem Steuerrad sitzt und auf die Uhr schaut. Im Hintergrund das Einkaufszentrum Nový Smíchov, ein großes Filmplakat an der Wand, *Teroristka*, die Terroristin, eine ältere Frau, die mit skeptischen Augen dem Überholmanöver des Rollstuhlfahrers nachblickt.

\*

MILITÄRFRIEDHOF UND MÜLLER-VILLA

Montag, 15. April. Wie sich die Sonnen-Schatten-
Linie um Viertel nach acht über die Sophieninsel
zieht. Während die Geräte des Spielplatzes schon
im Sonnenlicht glänzen und die Moldau blau zwischen den Baumstämmen schimmert, stehen die
Bänke auf dem Weg davor noch im Schatten, und
die Baumkronen spiegeln sich grau auf dem dunklen Moldauarm, der unter dem Mánesgebäude
herausströmt. Am späten Vormittag im Goethe-
Institut. Angelika Ridder, die neue Direktorin, erzählt von ihrem Wirkungsfeld, das bis Estland
reicht, von ihren ersten Eindrücken in Prag, von
der unglaublichen Aussicht ihrer Wohnung auf
Laurenziberg und Hradschin. Wie viele Direk-
toren habe ich hier schon besucht, Jochen Bloss,
Gräfin Baudissin, Stephan Nobbe. Die meisten
waren überaus kollegial und freundschaftlich,
einige seltsam desinteressiert. Ridder zählt zur
ersten Gruppe, lebendig und offen spricht sie
über neue Projekte und wirbt für die Fotoaus-
stellung im zweiten Stock, in dem Bilder von den
Dreharbeiten des berühmten Amadeus-Films zu
sehen sind, dem größten Erfolg des Regisseurs
Miloš Forman.

Am Nachmittag zeigt mir der Literaturhistoriker und Bohemist Václav Petrbok den alten Militärfriedhof in Střešovice. An der hohen schrägen
Ziegelwand der ehemaligen Befestigung hinter
der Burg sind die deutschsprachigen Grabplatten

von Offizieren der kaiserlichen Armee des 19. Jahrhunderts eingelassen. Einige sind gut, andere kaum noch zu entziffern: „Joseph Kettner, Oberst und Commandant des KK Feld Artillerie Regiments, gestorben am 26. Jänner (18)32 im 67ten Lebensjahre"; „Wenzel Schipka von Blumenfeld k. k. Generalmajor und Artillerie Brigadier, gestorben am 27. Februar 1832 im 70ten Jahre seines Lebens, im 52ten seines Dienstes"; „Josef Seiche, k. k. Fortifikations Maurer"; „Eduard Merten k. k. Telegraphen Beamter". Ein eigenes Denkmal trägt die Inschrift: „Hier ruhen in Gott 28 Preußische Soldaten. Jesus Christus spricht: Ich bin Auserstehung und das Laben". Nicht ganz korrekt das Deutsch. Stadtabgewandt hat diese Grabstätte alle Regime des 20. Jahrhunderts unbeschadet überstanden und begrenzt heute eine kleine Parkanlage mit Wegen und einem Teich. Hoch auf der Befestigungsmauer sitzen zwei Mädchen mit Hosen, die sie an den Knien aufgeschnitten haben, sie rauchen eine Zigarette und suchen mit ihrem Handy im Internet nach weiteren Namen der Verstorbenen, die hier seit mehr als 180 Jahren ruhen, wenn sie nicht gerade Wichtigeres zu tun haben.

Im Weitergehen bekommt der Veitsdom eine neue Blickgestalt, die beiden Westtürme nehmen den Südturm mit seinen grünen Kuppeln so energisch in die Mitte, als ob sie ihn abführen wollten, was ihn nicht weiter aufzuregen scheint. Auch wir lassen uns dadurch nicht beunruhigen, gehen

die Sibeliova hinauf und entdecken einen alten
Kanaldeckel mit dem Prager Stadtwappen und einer Metall-Lasche, auf der die deutsche Aufschrift
ÖFFNUNG zu lesen ist. Da geraten wir dann doch
ins Grübeln, ist das noch ein Relikt der Protekto-
ratszeit oder eine brüderliche Verständnishilfe
für Kanalarbeiter aus der DDR oder nur eine Dis-
ziplinierungsmaßnahme für junge Tschechen,
die schon bei der Arbeit an das abendliche Bier
denken?

Unsere Verständnislosigkeit löst sich nach wenigen Schritten auf, als wir vor der Villa stehen,
die Adolf Loos Ende der 1920er Jahre für den Bau-
unternehmer František Müller gebaut hat, zur
selben Zeit, als in Brünn die berühmte Villa Tu-
gendhat entstand. Staunend stehen wir vor dem
würfelartigen Gebäude mit seinen glatten weißen Wänden und seinen Fenstern, akzentuiert mit
gelben Sprossen, eine Wand von wildem Wein
überwachsen, ein Dachfenster, das keine Sprossen und kein Zimmer hinter sich hat, sondern le-
diglich einen rechteckigen Rahmen für den blauen
Himmel abgibt, in den wir direkt hineinschauen.

Eine Stunde später in der Wohnung von Petr-
bok, vor der Bücherwand in seinem Wohnzim-
mer, die bis zur Zimmerdecke reicht. Wie der
Bücherwurm von Carl Spitzweg benützt er eine
Leiter, um zu den oberen Regalen zu gelangen.
Kaum ein Buch, das er nicht hat oder zumindest
kennt, längst ist er auf dem Weg, ein zweiter Kurt
Krolop zu werden. Aus einem Fenster blickt man

weit über Dächer und Baumkronen, aus einem zweiten in einen kleinen Garten hinunter, in dem Petrbok Obst und Blumen anbaut. Er komme aus einer bäuerlichen Familie, sagt er, und schenkt mir vor dem Weitergehen ein Glas mit Gurken aus dem Garten seiner Mutter. Mit einem Bier in der Klosterschenke von Břevnov und einem Essen bei dem Vietnamesen Pho Nam Nam, der mit seiner schwarzen Kappe wie eine Mischung aus Kaminkehrer und Zauberkünstler aussieht, beschließen wir den Abend, nicht ohne zuvor die Tafel an dem Haus fotografiert zu haben, in dem am 7. April 1878 die tschechische sozialdemokratische Partei gegründet wurde, quasi mit benediktinischem Segen, drei Gehminuten vom Kloster.

*

## NOTRE DAME, PARUKÁŘKA UND HANGÁR

Dienstag, 16. April. Alle Zeitungen sind voll mit der
Hiobsbotschaft des gestrigen Abends: Notre Dame
in Paris brennt. Man will es nicht glauben, die Bilder für Fälschungen halten, aber alle bestätigen
das Unglück, das Internet, das Radio, Mailnach-
richten und Stimmen am Telefon. Was für ein Me-
netekel, sagt der Schriftsteller Ivan Binar am
Abend in der Kneipe seines Sohnes, eine glühende
Schrift an der Wand dieser Zeit, die die Angst
bestätigt, dass die sieben fetten Jahre, die für
euch im Westen mehr als 70 Jahre dauerten, zu
Ende gehen.

Wie groß das Entsetzen ist, wie warm die Sonne
an diesem Tag scheint. Um auf andere Gedanken
zu kommen, besuche ich einen Park, den mir
Binar vor vielen Jahren gezeigt hat, im Osten von
Prag, zwischen dem Vítkov und den Wolschaner
Friedhöfen gelegen, den „Perückenmacher-Park",
einen Hügelzug, der in mehreren Stufen sanft
ansteigt, immer schönere Blicke auf die Stadt
freigibt, auf das Viertel um den Fernsehturm, die
Altstadt in der Senke und auf den Hradschin in
der Ferne. Wie ganz anders klingen die Stimmen
hier, an einem Kiosk gibt es Bier, in einer Holz-
baracke warten die Tische auf schlechteres Wetter. Die Menschen sitzen und liegen im Schatten
unter den Ahornbäumen oder sonnen sich auf der
Wiese, zwei Männer schlafen ihren Rausch aus,
junge Mütter und Väter schieben Kinderwägen

vor sich her, Hunde aller Rassen und Größen jagen fliegenden Stöcken nach, und eine geteerte Straße führt direkt zum Himmel hinauf, in dem der halbkreisförmige Mond grau und bescheiden auf die Nacht wartet. Es ist Nachmittag, ein warmer sonniger Nachmittag, getragen von den Rufen der Kinder, den Stimmen der Erwachsenen und dem fernen Rauschen des Verkehrs. Wer wissen will, was Glück bedeutet, das Glück des einfachen zufriedenen Daseins, der muss einmal bei solchem Wetter zum Parukářka-Park hinaufsteigen.

Doch auch dieser Park hat seine dunklen Stellen, unter den blühenden Bäumen wölben sich wuchtige Betongebilde, überdimensionale Höcker, die aus der Wiese ragen, mit Gittern und Schächten, die in die Tiefe führen. Manche sind bemalt und besprüht, andere verwaschen und grau. Ein leichter Schwindel geht von ihnen aus, als ob der Boden unter den trippelnden Füßen plötzlich nachgeben, Kinder und Hunde verschlingen könnte. Waren hier Bunker im Krieg, befestigte Stellungen, wollte man von hier die Stadt gegen einen Angriff der Wehrmacht verteidigen? Vor achtzig Jahren? Das Internet klärt auf und macht die Sache nicht weniger unheimlich. Der halbe Hügel ist durchzogen von unterirdischen Gängen und Schutzräumen, hier glaubte man, einen Atomangriff überstehen zu können. Was für eine Vorstellung, während draußen alles verbrennt und verglüht, die ganze Stadt mit einem Schlag ausradiert, eine Schar auserwählter oder zufällig zusammengekommener Menschen, eingeschlossen und abgeschirmt, Menschen, die ihr Leben kurzfristig verlängern, ein paar Monate, ein paar Jahre vielleicht dahinvegetieren und schließlich elend krepieren. Ein Blick in die Sonne, auf die Wiese, die spielenden Kinder verscheucht die düsteren Bilder.

Abends in der Hangár-Kneipe, die Binars Sohn David gemeinsam mit seinem Schulfreund Christian in der Jirečkova eröffnet hat. Alles haben sie selber gezimmert, den Tresen, die Verschalung der Wände, halb unter dem Straßenniveau, durch große Fenster blickt man von der Straße in das Gastzimmer hinunter, blickt Ivan Binar herauf, verspiegelt sein Gesicht durch die Scheibe. Sogar eine eigene Brauerei haben sie gegründet, so nahe am Technischen Museum von Prag, in dem tollkühne Männer mit alten Propellermaschinen durch die Jahrzehnte fliegen, kann es gar nicht anders sein, als dass man nach dem Flugabenteuer im Hangár in der Jirečkova landet, die Maschinen warten lässt und sich ein kühles Bier genehmigt, ein „Kapitán Nelson Bier", einen „Kopiloten", einen „Navigator", einen „Zeppelin", wie auch immer es heißt. Wer das Nachtleben von München kennt und ab und zu den Türkenhof besucht, dem fällt auf, dass die geflügelte Uhr über dem Hangár-Tresen sich an dem Münchner Vorbild orientiert. So wird ein Stück Emigrationsgeschichte sichtbar, weil David als Emigrantenkind Münchner Schulen und Kneipen besuchte, während Ivan als Hörfunkredakteur bei Radio Free Europe arbeitete. Solche Eindrücke bleiben haften, man nimmt sie mit, wenn man nach Prag zurückkehrt, nach der Samtenen Revolution, zweisprachig, hoffnungsvoll und zukunftsgewandt, tschechische und bayerische Bilder im Kopf, ein Stück Heimat da und ein Stück Heimat dort, ein Stück München in Prag.

*

Wechselnde Namen und Hohlräume

Mittwoch, 17. April. In der Metro wirbt ein fliegender Franzose, der sich mit einer Hand am
Eiffelturm festhält, für einen Flug nach Paris ab
2 492 Kronen. Rund 100 Euro, das könnte man
sich doch leisten, und wer weiß, vielleicht wirbt
in der Pariser Metro ein fliegender Tscheche, der
sich mit einer Hand an einem Heiligen der Karlsbrücke festhält, für einen Flug von Paris nach
Prag. Das wäre eine schöne Vorstellung, wie sich
die Flugzeuge über Heidelberg in der Luft begegnen und der Tscheche und der Franzose durch
die Fenster gegenseitig zuwinken.

Im Kinský-Park zaubert das Licht eine Früh-
lingsidylle: Die Wege säuberlich gepflastert, der
Rasen kurz und grün, die sprießenden Blätter so
zart, dass sie durchsichtig scheinen. Im gespren-
kelten Schatten unter einem Ahorn sitzt eine
junge Frau mit Buben und Mädchen im Kreis, vor
dem Parkcafé wärmen alte Leute ihre Gesichter
in der Sonne, in einem Teich verteidigt Herkules
seine Sagenwelt mit einem steinernen Knüppel,
während hinter ihm das Wasser rauschend und
spritzend über einen Felsvorsprung stürzt. Ein
eigenes Schild fordert zweisprachige Rücksicht
auf Frösche: „POZOR ŽÁBY ATTENTION". Beim näheren Hinschauen entdeckt man handgeschrieben,
gleich zweimal, die Worte „Fuck Islam". Da bekommt die Idylle einen Sprung, die alten Leute setzen erschrocken ihre Kaffeetassen ab, die jungen

Mädchen binden sich Kopftücher um. Oben auf
der Plattform mit den Sitzbänken weitet sich der
Blick auf die Stadt, in der Ferne die dunklen Türme von St. Peter und Paul am Vyšehrad, hinter denen dunstig graue Hochhäuser stehen, eines mit
der Form eines großen V, als ob der Architekt ein
Siegeszeichen an den Stadtrand setzen wollte.
Weiter westlich die Häuserzeile der Moldau mit
dem Mánes, ganz nahe im Zoom das Hlahol-Haus,
die Dachlünette von Mucha.

Wie friedlich sich das Moldauufer in der Sonne
hinzieht, wie unsichtbar die Bruchlinien der Geschichte. Jetzt ist Tomáš Masaryk, der erste Präsident der Republik, der Namensgeber der Uferzeile,
hinter ihm aber heben sich grau und durchsichtig
seine Vorgänger ab, Klement Gottwald, der erste
kommunistische Staatspräsident der Tschechoslowakei, Reinhard Heydrich, der Stellvertretende
Reichsprotektor und Beauftragte für die „Endlö-
sung der Judenfrage", František Vladislav Rieger,
tschechischer Reichsratsabgeordneter, der noch
von Kaiser Franz Joseph den Orden der Eisernen
Krone erhalten hatte. In ihren Namen spiegeln
sich die wechselnden politischen Regime und Verhältnisse, sie alle haben hier gelebt, Lichtgestal-
ten wie Rieger und Masaryk, skrupellose Macht-
figuren wie Heydrich und Gottwald, sie alle sind
am Ufer der Moldau gestanden und haben in das
Wasser geschaut, das an ihnen vorbeiströmte,
ohne sie zu ermuntern oder zu ermahnen, gruß-
los, teilnahmslos, immerzu.

So tief sind hier die Hohlräume der Vergangenheit, dass man immer wieder aufpassen muss,
nicht plötzlich einzubrechen, besonders dort, wo
ahnungslose Touristen auf ihrer ständigen Suche
nach originellen Souvenirs Pflastersteine aus den
Gehsteigen getreten haben. Da passt es gut, dass
ich Thomas Oellermann, einen jungen Historiker
und Kenner der Republikgeschichte in der Vino-
hradská treffe, in der Hospoda Hajnovka. Es ist
das Gasthaus, in dem die Sopade 1937 ihre Weih-
nachtsfeier veranstaltete, die Führung der emi-
grierten Sozialdemokraten mit Otto Wels an der
Spitze. 1933 hatte er im Berliner Reichsrat ebenso standhaft wie vergeblich gegen das Ermächti-
gungsgesetz gesprochen. Doch die Würfel waren
bereits gefallen, die Nationalsozialisten hielten das
Ruder des Staatsschiffes fest umklammert. Was
blieb da anderes übrig, als ins Exil zu gehen, in die
benachbarte Tschechoslowakei, in der die deutsche Sprache noch beheimatet war und sudetendeutsche Sozialdemokraten solidarisch Hilfe leis-
teten. Damals, im Dezember 1937, zehn Monate
vor dem Münchner Abkommen, nicht ganz zwei
Jahre vor Beginn des Krieges, an welche Stroh-
halme mochten sie sich damals geklammert haben, an welche Illusionen?

Von der Brücke über den Gleisen deutet Oellermann auf den Hauptbahnhof hinunter: Von hier
sind viele Sozialdemokraten abgefahren, die ein
Visum für Großbritannien oder für die Emigration
nach Kanada erhalten hatten, hier haben sie von

# Zkáza
## Notre-Dame

Oben: Titelseite der *Lidové noviny* vom 16.4.2019 • Unten links: Der Parukářka-Park zwischen Vítkov und den Wolschaner Friedhöfen • Unten rechts: Tresen der Hangár-Kneipe in der Jirečkova.

Oben: Blick vom Kinský-Garten auf den Vyšehrad mit der Basilika St.-Peter-und-Paul • Unten links: Schild im Kinský-Garten „POZOR ŽABY ATTENTION" • Unten rechts: Der Historiker Thomas Oellermann beim Hauptbahnhof.

dem Staat Abschied genommen, für den sie vergeblich gekämpft, den viele nie wieder sehen soll-
ten. Nach der Besetzung Prags ist Wenzel Jaksch,
der letzte Vorsitzende der DSAP, hier als Schifah-
rer getarnt in einen Zug gestiegen, der ihn in die
Beskiden brachte, über die er nach Polen und
weiter nach England flüchtete. So lösten sich die
heimatlichen Gefilde auf und wurden durch die
Gewaltherrschaft der Nationalsozialisten und
schließlich durch die gewaltsame Aussiedlung
der Deutschen endgültig zerstört.

Nachdenklich gehe ich zum Hauptbahnhof in
die alte Empfangshalle zu meiner Königin, die
mit geneigtem Kopf und gelocktem Haar hoch
über mir an der Wand steht, und frage sie, ob das
alles wirklich so kommen musste, ob es wirklich
keine andere Lösung hätte geben können. Lange
gibt sie keine Antwort. Dann höre ich ihre Stimme, wir hätten es nicht zulassen dürfen, sagt sie,
wie das letzte Mal, die böhmischen Könige hätten
es verhindern müssen. Aber ob es eine andere
Lösung gegeben hätte, das musst du schon selber
herausfinden. Sie schaut über mich hinweg, in
den Saal hinein, unter ihr eilen Pendler zu den
Zügen, im Café sitzen japanische Touristen, hin-
ten den Türen auf der Stadtautobahn dröhnen
Lastkraftwagen und Omnibusse vorbei.

ZEITLOS

Donnerstag, 18. April. Wieder stehe ich im Hauptbahnhof unter meiner Königin, sie rührt sich
nicht, hat die Augen halb geschlossen, schaut in
sich hinein. Aus dem Autobus steigt eine andere
Königin, die sich mir zuwendet, mich umarmt,
ihre warmen Lippen auf meinen Mund drückt. Da
nimmt die Gegenwart ganz Besitz von mir, lösen
sich die Schatten der Vergangenheit, wird die
Stadt zur wärmenden Kulisse einer Zuneigung,
und der Schutzengel über einem Hauseingang in
der V jámě weist aus seiner Nische heraus mit der
rechten Hand alle Gefahren und Anfechtungen zurück, während er die linke beschützend über ein
Kind und die kommenden Ostertage hält.

Abends im Nationaltheater, in dem farben-
prächtig ausgestatteten Saal, dessen Bilder die nationale Inbrunst unübersehbar zum Ausdruck
bringen, gekrönt von dem Spruch über der Bühne
*Národ sobě*, die Nation sich selbst. Das Tanzthea-
ter, das wir sehen, steigert sich von dem neo-
klassischen Zauber der *Serenade*, mit der Musik
Tschaikowskis, über die *Seperate knots*, gehüllt in
das musikalische Gewand Chopins, zu *Le sacre du
printemps*, komponiert von Strawinsky. Der Ge-
samttitel *Timeless* erweckt den Eindruck, hier
wirklich etwas Zeitloses zu erleben: Die Musik
Strawinskys erhält durch den Tanz eine Visua-
lisierung, die den immer wieder disharmoni-
schen Klangfolgen eine funkelnde Wärme verleiht,

während der Tanz eine eigene Dynamik entwickelt, die mitreißender nicht sein könnte. Gebannt
folgt man den männlichen und weiblichen Körpern, die sich anziehen und abstoßen, aggressive
Rivalität und drängendes Begehren, zarte Annäherung und enttäuschte Abwendung, die mit
weitausgreifenden Stechschritten auf die Bühne
stürmen, sich im Gleichtakt bewegen oder das Ensemble zum Chor einzelner Tänzer werden lassen.
In den Pausen treten wir von der Zeitlosigkeit
der Aufführung in die nationale Kulissenwelt des
ausgehenden 19. Jahrhunderts und blicken vom
Balkon auf die Národní třída der Gegenwart hinunter, der Tram 22 nach, die immer kleiner werdend über die Legionen-Brücke fährt, bis sie zwischen den Häusern der Kleinseite verschwindet.

*

DOCH EINE SEELE HAT DIESES LAND ...

Freitag, 19. April. Auch im Bahnhof von Smíchov
mischen sich die Zeiten: Unter einem graubraunen
Wandfries, der das Leben der Landarbeiter ver-
herrlicht, die mit Schaufeln und Rechen zur Arbeit
ziehen, Baumfrüchte ernten und zur Ziehharmo-
nika tanzen, kündigt eine elektronische Tafel die
Abfahrt der Züge an. Durch eine große Fenster-
scheibe im ersten Stock, blickt ein einsamer Gast
aus dem Restaurant mit dem zweifelhaften Namen Oáza auf die Fahrgäste herunter, die mit kur-
zen Hosen und Rucksäcken vor den Fahrkarten-
schaltern stehen. Wir nehmen den Bus Richtung
Mníšek pod Brdy und steigen an der Autobahn-
haltestelle Klínec aus, wo zunächst weder ein Ort
noch Häuser zu sehen sind. Erst nachdem wir
durch die Unterführung gegangen sind, entdecken
wir ein weitflächiges Areal mit Straßen und
Grundstücken, die teilweise bebaut sind, teilweise noch auf Käufer warten. Ein Ortsteil im Ent-
stehen. Hier wohnen die Germanisten und Bohe-
misten Václav und Jana Maidl in einem kleinen
Haus mit einem großen Hanggarten, auf den sie
von ihrer Wintergartenterrasse hinunterblicken.
Man sieht dem Garten an, dass sie noch nicht
lange hier leben, doch er nimmt schon Gestalt an,
kleine blühende Obstbäume und zwei große Stein-
gärten setzen unübersehbare Akzente. Wie oft sind
wir mit deutschen und tschechischen Studenten
zum Stifter-Oberlisk über dem Plöckensteinsee

hinaufgestiegen, wie oft haben wir uns über die deutschböhmische Literatur ausgetauscht. Zur Zeit übersetzt Václav Maidl meine Stifter-Biografie, Gesprächsstoff nicht nur für diesen Tag.

Gemeinsam mit Janas Tochter Kateřina, die gerade ein paar Urlaubstage von ihrer Dolmetschertätigkeit macht, und deren kleinem Sohn fahren wir zu einem Waldparkplatz und wandern zum Barockareal Skalka. Zwischen weißen Kreuzwegstationen, die wie Schildwächterhäuschen links und recht neben dem Weg stehen, gelangen wir zu der barocken Wallfahrtskirche St. Maria Magdalena, die direkt vor einer Bruchkante des Geländes steht, von der man zu der Stadt Mníšek hinuntersieht. Auf einer Wand der Kirche erinnert eine zweisprachige Tafel an Theresia Gräfin Unwerth/Terezie Hraběnka Unwerthová, errichtet von ihrer „tiefbetrübten Schwester", welche die „Vorübergehenden" bittet, auch „den beiden verblichenen edlen Gatten ein Vaterunser zu opfern". Um die Kirche herum regt sich ein buntes Ausflugstreiben, das der kleine Benedikt pausbäckig begutachtet: grellgelbe T-Shirts und enganliegende Radlerhosen, Trapperhüte, vollgestopfte Rucksäcke und abgenutzte Wanderschuhe. Die Leute essen und trinken, sitzen auf Holzbänken um ein Lagerfeuer und braten ihre *špekáčky*, die sie an den Enden aufgeschnitten und auf dreizackige Gabeln gespießt haben.

Zurück in Klínec lassen wir den Tag mit einem Glas Rotwein ausklingen. Václav Maidl zeigt uns

seine Bücherschätze, darunter eine zweisprachige
Sammlung mit Gedichten der deutschjüdischen
Schriftsteller Camill Hoffmann, Rudolf Fuchs und
der Brüder Franz und Hans Janowitz, die deutlich
machen, wie sehr sie sich ihrer böhmischen Heimat verbunden fühlten: *„Rovinám rodným náleží
písně mé ..."*

*Doch eine Seele hat dieses Land,*
*die ihr Schwingenpaar breit und mächtig spannt*
*wie Meeresvögel, die über den Fluten*
*schweben können, als ob sie ruhten.*

*

OSTERNACHT

Samstag, 20. April. Noch einmal ins Stadtmuseum,
zum Langweil-Modell und der 3-D-Fahrt durch die
Papierstadt. In einem Trakt des Museums die Foto-
ausstellung über das arme Prag, *Chudá Praha*, den
Teil der Stadtgeschichte, von dem ich kaum etwas
weiß, aus dem ab und zu zerlumpte Gestalten auf-
tauchen und ein paar Schritte durch die Romane
Prager Autoren machen. Hier zeigen Fotos und Dokumente das ganze Elend dieser Menschen, ihre
Baracken und Behausungen, die katastrophalen
hygienischen Verhältnisse, ihre Kleidung, die oft
nur noch aus Lumpen bestand, das Siechtum der
Kranken, die Verwahrlosung der Kinder, das Aus-
maß an Hunger, Alkoholismus, Prostitution und
Gewalt. Auch Hilfsmaßnahmen werden gezeigt,
kirchliche Sammelkisten mit der Aufschrift „Für
Arme/*Pro chudé*", Armenküchen und Wärmestu-
ben. Ein Plakat wirbt für einen „Gesellschafts-Ball"
am 22. Februar 1857 „von sämmtlichen Armen-
vätern der Hauptstadt Prag zu Gunsten des reorga-
nisirten Armen Instituts gegeben", im „Saale auf
der Sofien-Insel". Also direkt unter der Literaturhauswohnung – kann man sehen, wie die festlich
gekleideten Gäste ein paar Schritte auf der Insel
machen, bevor sie ihre Geldbeutel aus den Taschen
ziehen und das Gebäude betreten. „Der Eintritts-
preis für jede Person ist, ohne der Wohlthätigkeit
Schranken zu setzen, 48 kr. Conv. Münze." So ist es
gewesen, so steht es auf einem Plakat in der

Ausstellung des Museums der Hauptstadt Prag. Immer wieder findet man Hinweise, wie es heute mit Armen, Obdachlosen, Drogenabhängigen und Bettlern steht. Mehr als zehntausend hat man 2016 registriert, die Dunkelziffer soll weitaus höher sein.

Und sie sind überall zu sehen, wenn man sie nur sehen will: Junge Männer mit verfilzten Haaren und fehlenden Zähnen, die Touristen um ein paar Kronen angehen, andere, die mit aufgeschwemmten Gesichtern und glasigen Augen auf den Parkbänken vor dem Hauptbahnhof sitzen oder unter einem Bogen der Štefánik-Brücke eine Lagerstätte aus Pappendeckeln, Schlafsäcken und Plastiktüten gebaut haben. Manchmal begegnen sich am frühen Morgen Touristen und Obdachlose, gleichermaßen unrasiert, alkoholisiert und übernächtigt. Die einen schlafen ihren Rausch im Hotel aus und reisen am nächsten Tag in ihr bürgerliches Leben mit Arbeit, Wohnung und Kreditkarten zurück, die anderen bleiben verfroren in der Stadt, betteln, trinken, dösen und taumeln durch den Tag. Auch das ist Prag, das andere Prag der Gegenwart.

Abends kurz vor acht ist der Veitsdom noch verschlossen, stehen wenige Menschen vor den Toren. Ein Mesner testet die Lautsprecheranlage, eine Malteserschwester mit weißer Haube und rotem Kreuz verteilt langstielige schmale Kerzen. Kurz vor halb neun bauen Ministranten ein Gestell für das Osterfeuer auf, neben dem Portal beziehen Sänger mit blauen Kutten und gelben

Oben: Die Kuppel der Empfangshalle im Hauptbahnhof.

Unten links: Kardinal Dominik Duka beim Entzünden der Osterkerze.

Unten rechts: Der Veitsdom in der Osternacht.

LINKS: Das Grab von Božena Němcová auf dem Vyšehrad.

RECHTS OBEN: Der Teufel mit der Säule aus Rom in der Basilika St.-Peter-und-Paul.

LINKS OBEN: Der Engel über der vordersten Seitenkapelle auf der rechten Seite in der Basilika St.-Peter-und-Paul.

Ärmelaufschlägen ihre Plätze. Knisternde Minuten, das Osterfeuer brennt, ein Priester spricht, der Chor singt, Kardinal Duka entzündet am Feuer die Osterkerze. Langsam bewegen sich die Gläubigen in das dunkle Kirchenschiff. Nur über der Wenzelskapelle ist ein Trakt leicht erleuchtet, ein sanftes ockergelbes Licht, in dem die Wandfiguren schimmern und die Bänke schattenhaft zusammenrücken. Wir nehmen in der Mitte Platz, der Gottesdienst beginnt, ein langer, feierlicher Sologesang, zu dem wir lauschend stehen, das Osterlicht wird weitergegeben, über allen Bänken glimmen Kerzen auf. Langsam und schrittmäßig entfaltet sich die Liturgie, jede Handlung wird angekündigt, jede der sechs Lesungen, von denen eine auf Englisch, eine auf Deutsch und eine auf Französisch vorgetragen wird.

Mit lautem Schellenklang und Glockenläuten wird die Auferstehung Christi angekündigt und die ganze Kirche erhellt. Duka predigt, vollzieht die Wandlung. Die Hostie wird vor der Austeilung (in den Mund) wieder in Wein getaucht. Die Taufe von vier Erwachsenen verlängert den Gottesdienst, Michael, Marek, Marie und Benedikt heißen die Täuflinge, die mit ihren Paten vortreten, dem Teufel widersagen und ihren Kopf unter das geweihte Wasser beugen. Nach dem Schlußsegen eilen wir müde vom Stehen und Nichtverstehen zur Straßenbahn, von halb neun bis halb zwölf hat die Messe gedauert, kurz nach Mitternacht steigen wir die Stufen zu unserer Wohnung hinauf.

AUF DEM VYŠEHRAD

Ostersonntag, 21. April. Sonne, Sonne, Ostersonn-
tagsfrühstück mit Rosen und Palmkätzchen. Mit
der Tram zum Vyšehrad, an weißkubistischen
Villen vorbei, mit dem seltenen Abbild eines weiblichen Kentauren unter dem Giebel, steigen wir
die Stufen zur hohen Burg hinauf, zur Kirche von
Peter und Paul, die uns mit ihrem Glockenspiel in
eine heitere Stimmung versetzt. Noch mehr nimmt
uns das Gotteshaus ein, dessen Türme so gotisch
steil in den Himmel streben, die im Inneren mit
ihrer jugendstilhaften Ausmalung eine weiche
Synthese der Baustile erreicht. Besonders angetan hat es mir der Engel, der über dem Eingang
zur vordersten Seitenkapelle auf der rechten Seite
schwebt, eine schlanke, fast bubenhafte Gestalt
mit dunklen Haaren, weißem Gewand und goldenen Flügeln, zwischen den Händen das Spruch-
band „Gloria in excelsis deo". Nicht weniger
gefällt mir das Bild auf der linken Seite, das einen
Teufel mit Hörnern und geringeltem Schwanz darstellt, der mit einer Säule über das Kirchendach
fliegt. Der Legende nach soll ein Priester ihm
seine Seele versprochen haben, wenn es dem Teufel gelänge, während einer Messfeier eine Säule
aus Rom zu entwenden und nach Prag zu bringen. Nichts leichter als das, dachte sich der
Höllenfürst und stahl eine Säule. Doch beim Flug
über den Meerbusen von Venedig wurde er von
unsichtbarer Hand so stark gegeißelt, dass er die

Säule fallen ließ. Dreimal passierte das. Als er endlich den Vyšehrad erreichte, sprach der Priester gerade das „Ite missa est". Die Messe war beendet, der Teufel hatte verloren. Voll Wut schleuderte er die Säule in die Tiefe, so dass sie das Dach durchschlug und in drei Teile zerbrach. Noch lange soll man die Bruchstücke neben der Kirche gesehen haben. So endet die Legende, und plötzlich geht das Licht des Kirchenschiffes nicht mehr von den Fenstern aus, sondern von einem funkelnden Bogen, der sich von dem Zorn des Teufels über den Hauptaltar mit den Figuren von Peter und Paul bis zur Frömmigkeit des Engels spannt.

Beschwingt und heiter betreten wir den Ehrenfriedhof und geraten schnell in eine nachdenkliche Stimmung. Karel Čapek liegt hier begraben, dessen Tod im Dezember 1938 das Ende der Ersten Republik symbolisierte, sein Bruder Josef, der wenige Wochen vor Kriegsende im KZ Bergen-Belsen starb, Ferdinand Peroutka, dessen Roman *Wolke und Walzer* eine erschütternd realistische Verarbeitung der Konzentrationslagerhaft darstellt, Rafael Kubelík, der langjährige Chefdirigent des Bayerischen Rundfunkorchesters, der am Wochenende der ersten freien Wahlen im Juni 1990 auf dem Altstädter Ring das tschechische Symphonieorchester dirigierte. Ihnen allen erweisen wir unsere Referenz, auch wenn ihre Gräber an verschiedenen Stellen liegen und gar nicht so leicht zu finden sind. Aber vom Slavín aus, dem berühmten Ehrendenkmal, kann man buchstäblich Seite für Seite die Kulturgeschichte aufblättern, von Bedřich Smetana, dessen Grab eine schwarze Marmorplatte mit seiner goldenen Unterschrift ziert, über den Nationalkünstler und akademischen Maler Vilém Willi Nowak, bei dem der junge Peter Weiss studierte, über Jan Neruda, dem Autor der *Kleinseitner Geschichten,* bis zu dem obeliskartigen Grabstein von Božena Němcová, dessen Inschrift an ihren berühmten Roman *Babička*, erinnert.

Hier sind alle versammelt, die die tschechische Kultur und Gesellschaft repräsentieren, nicht nur Schriftsteller, Musiker und Maler, sondern auch Ärzte, Historiker, Politiker, Naturwissenschaftler, Juristen und Schauspieler, Männer wie Frauen. Sogar das Grab einer Deutschen finden wir beim Gehen mit der Inschrift: „Hier ruhet Fräulein Aloisia Niemetz, Hausbesitzerin, gestorben in Prag am 23. Dezember 1895 im 75. Lebensjahr. R. I. P."

Nachmittags in der Schriftstellerwohnung. Die Sonne wirft so kräftige Schatten, dass die Menschen, die unten am Moldauufer entlanggehen, wie bunte Abziehbilder wirken, wogegen die Schatten so groß und kräftig aussehen, als ob sie die eigentlichen Träger des Lebens wären ...

Abends bei Harald und Gabi Salfellner, die uns in ihrer Villa einen herzlichen Empfang bereiten und mit ihren drei Buben auf eine Lieder- und Lyrikreise mitnehmen, die von Böhmen bis in die Steiermark führt, wo wir mit heiseren Stimmen

und durstigen Kehlen eine Flasche Zweigelt öffnen. Wie oft haben wir uns getroffen, einmal in
Prag bis drei Uhr früh Lieder gesungen, mit Gi-
tarre, Geige und dem Heiligen Nepomuk. Wie
lange kennen wir uns, wie viele Menschen verbinden uns, die nicht mehr leben, Hugo Rokyta,
Karl Josef Hahn, Johanna von Herzogenberg ...
Manchmal kommen mir die Verstorbenen wie
übergroße Schatten vor, dicht, dunkel und voller
Energie. Wir dagegen, sind wir wirklich mehr als
bunte Abziehbilder der Gegenwart, dünn, durchsichtig und ohne Ziel ...

*

## HRABALS PARKBANK UND DVOŘÁKS KATZE

Ostermontag, 22. April. Das Wetter könnte nicht schöner sein. Wir schlendern zum Karlsplatz, setzen uns auf eine Bank am südlichen Springbrunnenrondell und lassen uns von dem Plätschern des Wassers und dem Gurren der Tauben in das Traumreich des Vormittags ziehen. Was für unterschiedliche Bäume hier stehen, Ahorn, Ulme, Linde, sogar ein Ginkgo, und zwischen ihnen der blühende Flieder. Über zwei Bänke reicht die Blickschneise bis zum Neustädter Rathaus, dessen Turm die Kronen der Bäume überragt. Ein kleines Mädchen mit blonden Haaren und rotem Kapuzenpullover trippelt um das Brunnenrondell, wachsam beobachtet von seinem Vater, der im Halbschatten unter den Bäumen steht. Die Blätter, die sich kaum merklich im Wind bewegen, werfen sanfte Schatten auf die Wege, die Sonne scheint so warm ins Gesicht, dass man die Augen immer wieder schließt. Plötzlich sitzt ein alter Mann auf einer der Bänke und schaut den Tauben zu. Er hat die Jacke ausgezogen, ein Bein über das andere geschlagen. Sein Gesicht ist aus der Distanz kaum zu sehen, es schimmert in der Sonne, doch die Form des Kopfes, der Ansatz der Haare, wie er auf die Tauben und zugleich in sich hineinschaut, das muss Bohumil Hrabal sein, der Schriftsteller, den das schöne Osterwetter in sein altes Prag gezogen hat. Fern seiner Kneipen und Literaturhäuser, wo man ihn sofort erkennen würde, sitzt er hier in der wohltuenden Anonymität des Parks. Das kleine Mädchen hält dem fremden Opa einen Stock hin, der alte Mann lacht, tut, als würde er den Stock den Tauben nachwerfen, gibt ihn dem Mädchen zurück und ist plötzlich verschwunden, ebenso plötzlich, wie er auf der Bank aufgetaucht ist.

Etliche Minuten und Schritte weiter stehen wir vor der Villa Amerika, einem Lustschloss, das zu Beginn des 18. Jahrhunderts von Kilian Ignaz Dientzenhofer gebaut wurde und heute als Museum dient, eine Verbeugung vor dem Komponisten Antonín Dvořák. Doch wir können weder Musikinstrumente noch Noten sehen oder eine seiner Symphonien hören, weil das Haus geschlossen ist, auch der Ostermontag ist ein Montag ist ein Ruhetag der Friseursalons und Museen. Durch die Gitterstäbe erblicken wir eine Steinfigur, der der Sturm musikalischer Eingebungen so stark durch die Haare fährt, dass diese wild vom Kopf abstehen. Im Hof sitzt Dvořáks Katze, leckt sich die Pfoten und wartet darauf, dass der Meister die Türe aufsperrt und sich zu ihr auf die Gartenbank setzt, so wie sich Hrabal auf die Bank vor dem Springbrunnen gesetzt hat. Da heißt es Geduld haben, denn die Verstorbenen schauen bekanntlich nicht auf die Uhr, sie rechnen nicht nach Minuten und Stunden, sondern nach dem Zeitmaß der Ewigkeit. Ihre Stimmen klingen durch Jahrzehnte, manchmal Jahrhunderte, und Katzen und Kinder wissen genau, wie man sie aus ihrer

Traumwelt lockt und auf sich aufmerksam macht. Man muss sich nur Zeit nehmen, muss warten und verweilen können und darf nicht einschlafen dabei.

*

Oben: „Bohumil Hrabal" auf einer Bank vor dem südlichen Springbrunnenrodell des Karlsplatzes.

Unten links: Steinfigur von Antonín Dvořák in der Villa Amerika.

Unten rechts: Dvořáks Katze.

V TOMTO DOMĚ V LETECH 1956 AŽ 2008
ŽILA PRAŽSKÁ NĚMECKY PÍŠÍCÍ AUTORK.
IN DIESEM HAUS LEBTE VON 1956 BIS 200
DIE PRAGER DEUTSCHSPRACHIGE AUTOR

# LENKA REINEROV

## (17. 5. 1916 — 27. 6. 2008)

Oben: Gedenktafel für Lenka Reinerová an ihrem Wohnhaus in der Plzeňská.

Unten links: Ankündigung des Hexenflugs in der Walpurgisnacht.

Unten rechts: Ausschank in der Klamovka-Kneipe.

## DER TOD MIT DEN DREI PFEILEN

Dienstag, 23. April. Schon ist der letzte gemeinsame Tag gekommen: Mit der Straßenbahn fahren wir zum Burgviertel und gehen von der Haltestelle Pohořelec durch bleichrote Lauben zum Loretoplatz. In der Santa Casa erwartet uns eine schwarze Madonna mit silberner Krone, die auf ihren Armen ein ebenso dunkles gekröntes Jesuskind hält. Im Dämmerlicht schimmern ihre Kronen ungewöhnlich stark und verleihen den Figuren eine düster feierliche Aura. Im Umgang stehen wir seltsam berührt vor der Heiligen Kümmernis, der Tochter des Königs von Lusitanien, die sich solange weigerte, den heidnischen König von Sizilien zu heiraten, bis ihr ein männlicher Vollbart wuchs. Da wollte sie der Sizilianer nicht mehr haben, und der erboste Vater ließ sie wie Jesus ans Kreuz schlagen. Was für eine schaurige Geschichte, und was für ein androgynes Aussehen, halb Frau, halb Mann, da kommen nicht einmal moderne Schlagersänger mit. Im Obergeschoss wartet der Tod als barockes Gerippe, das mit seinen drei Pfeilen auf unsere Hoffnungen zielt, auf ein gesundes, ein langes, ein friedliches Leben ... Allein die Prager Sonne, die prächtigste Monstranz, die wir je gesehen, beseitigt mit ihrer Strahlkraft alle Befürchtungen und Zweifel.

Im Czernin-Palais gegenüber, empfängt uns Lydie Holinková, die mehrere Jahre im tschechischen Generalkonsulat von München tätig war und nun

das Referat der deutschsprachigen Länder im Prager Außenministerium leitet. Sie zeigt uns die Stel-
le, wo Jan Masaryk, der Sohn des Ersten Präsiden-
ten am 10. März 1948 tot aufgefunden worden
war. Niemand weiß genau, was passiert ist, ob er
beim Taubenfüttern aus dem Fenster gestürzt ist
wie später Hrabal aus dem Krankenhausfenster
oder ob ein kommunistischer Revolutionär nach-
geholfen hat, um den letzten Repräsentanten der
demokratischen Republik mit dem allzu bekann-
ten Namen zu beseitigen. Bis heute rätseln Politiker und Historiker, die Archive schweigen und
die Gerüchte rumoren. Holinková führt uns durch
prunkvolle Gänge und Säle und lädt uns in die
Kantine zum Essen ein. Die Gastfreundschaft
könnte nicht größer sein. Mit einem Ostergeschenk
der Familie werden wir entlassen und stehen auf
dem Platz vor dem Palais, dessen wuchtige Fassade nicht mehr so abweisend erscheint, und auf
dessen Dach die Europafahne voll entfaltet und
weithin sichtbar im Wind weht.

Eine Stunde später blicke ich dem IC-Bus nach,
der eine geliebte Frau zurück nach München
bringt. Wie schnell die Tage doch vergangenen
sind, wie viel wir noch gemeinsam sehen wollten.
Dieses Ziehen im Magen, dieser Stein. Stell dich
nicht so an, höre ich da die Stimme meiner
Königin in der großen Empfangshalle über mir.
Was ist dein kleiner Trennungsschmerz, gegen
den Schmerz der Eltern, die im Winter 1938/39
ihren davonfahrenden Kindern nachblickten?

Haben sie ihre Kinder jemals wiedergesehen?
Wirst du nicht schon in wenigen Tagen ... Be-
schämt blicke ich zu Boden. Wie recht sie doch
hat. Unter mir sehe ich die Menschen zu den
Zügen gehen, am Denkmal der Kinderhände vorbei. In der Kavárna Adria wartet Václav Maidl, um
über Adalbert Stifter zu sprechen, warten Peter
und Lea Brod, in wenigen Tagen werde ich selber
zurück nach München fahren.

*

## KLAMOVKA UND REINEROVÁ

Mittwoch, 24. April. Im Slavia erzählt David Stecher, der Direktor des Prager Literaturhauses, nicht nur von den Zwetschkenknödeln, die wir einmal in fröhliche Runde verspeist haben, damals, als er Direktor des Tschechischen Zentrums in München war, sondern auch von dem Haus in der Plzeňská, in dem Lenka Reinerová gewohnt hat. Eine Gedenktafel erinnert an die Schriftstellerin und Mitbegründerin des Literaturhauses. Dorthin führt mein nächster Weg. Mehr als 50 Jahre wohnte Reinerová hier, von 1956 bis 2008, auf der anderen Straßenseite wirbt ein Plakat für die Aufführung von Beethovens 9. Symphonie.

Gleich hinter dem Plakat beginnt der Klamovka-Park, der zu einem Sokol-Gebäude hinaufführt, in dessen Kneipe wir vor ziemlich genau 25 Jahren – wie unglaublich das klingt –, wo wir vor einem Vierteljahrhundert am Vorabend des 1. Mai mit tschechischen und deutschen Schriftstellern zusammensaßen. Im Park brannten die Feuer der Hexen, in den Plastikbechern schäumte das Bier, und Jáchym Topol blickte ebenso berauscht in seine literarische Zukunft wie Bernhard Setzwein, hilfreich gestützt von dem Wirt des Lokals. Nur an Reinerová dachte an diesem Abend niemand, ich wusste nicht einmal, dass sie gleich gegenüber wohnte, dass wir nur an ihrer Tür hätten klingeln müssen. Damals wie heute sitzt ein roter Falke auf dem Dach des Sokol-Gebäudes und schaut zu uns herunter, auch die grüne Dame mit dem üppigen Busen blickt immer noch schnippisch nach den Gästen, von der sicheren Position über dem Ausschank des Bieres, über dem *výčep piva*, auch das Mobiliar ist sicherer geworden, neuer, weniger verkratzt und verbraucht. Im Garten sitzen junge Leute, trinken Bier und Aperol Spritz. Auf einem Plakat warten Hexen mit ihren Besen auf den Beginn der Walpurgisnacht, um endlich loszufliegen, wie damals vor 25 Jahren, als Tomáš Kafka dem mitternächtlichen Taxifahrer ins Gewissen redete, die deutschen Gäste nicht abzuzocken.

Auf dem Rückweg geht mir das Vierteljahrhundert nicht aus dem Kopf: 25 Jahre. Wer zum Beispiel 1950 auf 25 Jahre zurückblickte, hatte die Erste Republik, das Münchner Abkommen, die Besetzung Prags, die Verfolgung der Juden, den Krieg, den Aufstand, die Vertreibung der Deutschen und die kommunistische Machtergreifung erlebt, alles in diesen 25 Jahren. Und was haben wir in den letzten 25 Jahren erlebt? Die deutsch-tschechische Deklaration, den EU-Beitritt Tschechiens, das Verschwinden der Grenzbeamten und des alten tschechischen Speisewagens, den Sieg der tschechischen Fußballmannschaft über die deutsche bei der Europameisterschaftsqualifikation 2007, den Sieg der deutschen über die tschechische Mannschaft bei der Weltmeisterschaftsqualifikation 2016, jedes Mal mit 3:0 ...

Wenn ich von heute 75 Jahre zurückdenke, dann
sind wir mitten im Protektorat. Im Grieben-Reise-
führer aus dem Jahr 1944 finde ich die Adressen
damaliger Studenteneinrichtungen. Das Studentenwerk Prag in der Krakauer Gasse 16, in der
Krakovská, ist heute eine Polizeidienststelle der
Tschechischen Republik, vor der silberne Polizei-
autos mit der Aufschrift *pomáhat a chránit* par-
ken, „helfen und schützen". Im Gebäude des NS-
Studentenbundes in der Beethovenstraße 38, die
heute Opletalova heißt, nicht weit vom Hauptbahnhof entfernt, finde ich das Studentenheim
Jednota und eine Mensa der Karlsuniversität. Vier
wuchtige Säulen weisen heute wie damals den
Weg. Ein tschechisches Studentenwerk ist im Rei-
seführer, der übrigens auch tschechische Staats-
ämter verzeichnet, dagegen nicht zu finden. Die
tschechischen Hochschulen waren bereits am
17. November 1939 geschlossen worden. Ob die
Studenten, die heute so selbstverständlich in das
Gebäude hineingehen, wissen, dass hier einmal
der NS-Studentenbund untergebracht war? Und
ob sie wissen, dass der Straßenname Opletalova
an den tschechischen Studenten Jan Opletal erinnert, der damals bei einer Demonstration ange-
schossen und wenige Tage später an der Ver-
letzung gestorben war?

Wie doch die Vergangenheit unter jedem
Schritt und Tritt rumort und vibriert. Könnte, ja
sollte man nicht viel unbeschwerter durch die
Prager Gassen gehen, sich auf die Gegenwart

konzentrieren, offen für ihre Reize und Ver-
lockungen sein? Sieht nicht ein Jugendlicher, der
in Hostels übernachtet und durch Diskotheken
und Nachtclubs streift, die Stadt in einem anderen Licht als ein Fußballanhänger, der zu einem
Spiel seines Clubs gegen Sparta oder Slavia nach
Prag kommt, oder ein japanischer Tourist, der 24
Stunden Zeit hat, die wichtigsten Sehenswürdig-
keiten zu fotografieren, oder ein Slavist, der sich
im Literaturarchiv von Strahov zwei Wochen lang
in den Nachlass von Vladimír Holan vertieft?
Sehen und erleben sie die Stadt nicht alle ganz
anders, jeder auf seine eigene, durch Bildung und
Interessen gefilterte Wahrnehmung? Wäre es
überhaupt möglich, vergangenheitsblind durch
die Stadt zu laufen, obwohl so viele Wandtafeln,
Denkmäler, Hausfassaden, Straßennamen, Thea-
tergebäude und Museen ununterbrochen von der
Vergangenheit erzählen? Wäre es möglich, gegen-
wartsblind durch die Stadt zu ziehen, obwohl so
viele hübsche Gesichter, glitzernde Auslagen,
appetitanregende Wirtshaustafeln, schummrige
Nachtbars und heiße Rhythmen zum Eintritt und
Geldausgeben animieren? Was ist eigentlich
schwerer, den vielfältigen Chor der Vergangenheit zu überhören oder das dröhnende Rauschen
und Brummen der Gegenwart?

*

## WENZEL, WURST UND BÜCHERSEELEN

Donnerstag, 25. April. Vorletzter Tag. Streifzug durch die Stadt, ohne Ziel und ohne Plan. Fassaden, Auslagen und Schilder, die im Vorübergehen eine assoziative Reihe bilden, einen zufälligen Zusammenhang. Das alte Spiel, aus drei Worten oder Bildern eine Geschichte zu entwickeln, aus Büchern, die Geist haben, Wurstwaren aus Kostelec und dem Heiligen Wenzel, dessen Pferd im Lucerna-Palais kopfunter hängt, weshalb er auf seinem Bauch reiten muss. Der Heilige träumte einmal, auf diese Weise durch die Lüfte zu fliegen, um nicht weit von Iglau in dem Ort Kostelec, den die deutschen Bewohner Wolframs nannten, zwei riesige Würste zu verspeisen. Gut tausend Jahre später führte das zur Begründung der ersten mährischen Fabrik für Selchwaren und Konserven, die Wenzel als Werbeträger verwendet, selbstverständlich mit Anzug und Krawatte, wie es der Mode zu Beginn des 20. Jahrhunderts entsprach. Die Wurstwaren stammen somit nicht aus einer Kirche *(kostel)*, sondern aus Mähren. Wer das nicht glaubt, braucht nur in einem der Bücher nachzulesen, die eine Seele haben, was möglicherweise dann doch auf einen kirchlichen Zusammenhang schließen lässt. Ist Wenzel nicht auch vor den Toren einer Kirche ermordet worden ...

Abends im Literaturhaus, Lesung aus dem Prager Tagebuch. Viele Freunde und Bekannte sind

Oben: Der reitende Wenzel in der Lucerna-Passage.

Unten links: Buchhandlungsreklame „Bücher, welche Geist haben".

Unten rechts: Reklame für Wurstwaren aus Kostelec.

OBEN: Standbild von Mácha am Laurenziberg.

UNTEN LINKS: Ansichtskarten der „Post nach Prag".

UNTEN RECHTS: Briefkästen im Eingang des Hlahol-Hauses am Masarykkai.

gekommen, Viera Glosíková, Jiří Stromšík, Václav Petrbok, Joachim Bruss und andere. David Stecher begrüßt, Franta Černý moderiert. Eine Zuhörerin fragt, warum ich mich so intensiv mit der Vergangenheit beschäftige. Ja, warum, würde die Stadt nicht an jeder Ecke von der Vergangenheit erzählen, würde ich sie wahrscheinlich ganz anders beschreiben. Doch sie erzählt ununterbrochen davon, und sie erzählt nicht nur mit einer Stimme, sie erzählt mit vielen Stimmen, mit den Stimmen der Wandfiguren, der Geschichtsbuchfiguren, der Romanfiguren, der Erinnerungsfiguren meiner Stadterlebnisse aus mehr als 30 Jahren, die Stadt summt und klingt in meinem Kopf.

Mit Černý und Bruss beschließe ich den Abend in einer Kneipe hinter dem Neustädter Rathaus, bis die Kellner die Stühle auf die Tische stellen und unmissverständlich klar machen, dass es kein Bier mehr gibt und alle literarischen Luftfahrten zu vertagen sind.

*

ABSCHIED VON PRAG

Freitag, 26. April. Letzter Tag. Von der Jirásek-Brücke werfe ich neun Rosenköpfe in die Moldau und
schaue ihnen lange nach. Ein Schwan schwimmt
zu ihnen und dreht wieder ab. Er weiß, dass sie
nicht für ihn bestimmt sind, sondern der Erinnerung gehören.

Im Kinský-Garten bekundet eine Informationstafel ihr Mitgefühl mit den Hunden der Stadt, weil
sie es nicht leicht haben und viel Zeit zu Hause
verbringen müssen. Da ein Park aber weitaus
kleiner ist als ein Wald, sei die Wahrscheinlich-
keit, andere Hunde, Radfahrer und Jogger zu treffen, logischerweise viel größer. Deshalb gebe es
hier eigene Parkregeln für Vierbeiner. Denn es
sei ja besser, die Probleme vorweg zu lösen, als
nachher zu behandeln. Da kann man nur gerührt
mit dem Kopf nicken und zustimmen. Und als auf
einem Ständer braune Papiertüten angeboten
werden, auf die ein Hund gezeichnet ist, der auf
einer Toilette sitzt und Zeitung liest, wird mir
schlagartig klar, dass wir uns in einem Hunde-
paradies befinden. Ich steige bis zum Rosen-
garten hinauf, in dem noch keine einzige Rose
blüht, aber zwei Gärtnerinnen alles unterneh-
men, um die Beete darauf vorzubereiten.

Beim Rückweg noch einmal Stadt- und Panora-
mablicke auf die Moldau mit ihren Brücken, auf
das Hlahol-Haus und den Mánes, auf den Vyšehrad und die Plattenbausiedlungen am Stadtrand.

Zuletzt stehe ich vor dem Denkmal Karel Hynek Máchas, in einer Hand hält er einen Blumenstrauß, mit der anderen notiert er Worte in ein Heft. Erst denke ich, er schaut nicht mal hin, was er schreibt, dann sehe ich, dass er gar nicht schreibt, der Stift ist über das Heft gerutscht, er riecht an den Blumen und schaut in sich hinein, jedes Blütenblatt ein Wort, ein Klang, eine Empfindung.

Zwei Stunden später klingelt Anna Koutská vom Literaturhaus an der Tür der Wohnung, sie begleitet mich zum Bahnhof, erzählt von ihrer Pfadfinderzeit, reicht mir zum Abschied die linke Hand. Noch einmal, ein letztes Mal, besuche ich meine Königin in der großen Eingangshalle, schaue zu ihr hinauf, warte darauf, dass sie den Kopf wendet, mir ein Zeichen gibt. Doch sie blickt über mich hinweg, unbeweglich und stumm. Schließlich greife ich nach meinem Koffer und nach meiner Tasche, der Bus ist vorgefahren, die beiden Fahrer laden das Gepäck ein. Als ich durch die Türe gehe, höre ich ihre Stimme, du kommst doch wieder, sagt sie, mehr feststellend als fragend, ich drehe mich noch einmal um, sie schaut schon wieder zur Seite, aber ich bin mir sicher, dass sie recht hat, dass ich wiederkommen werde in diese unbegreifliche Stadt, zu ihren Menschen und zu ihrem Fluss, der mit einem so eleganten Bogen zwischen den Häusern dahinfließt, als ob Alfons Mucha und Emil Orlik seinen Lauf gemeinsam gezeichnet hätten.

## POST NACH PRAG

„Post nach Prag", mein Wunsch, meine Hoffnung, abends bei der Rückkehr in das Hlahol-Haus, den grünen Blechbriefkasten im Treppenhaus aufzuschließen, Briefe und Postkarten herauszunehmen, Reklame fortzuwerfen, Rechnungen vorsichtig in die Tasche zu schieben. Nein, ganz gelang es mir nicht, mithilfe der Post zum Alltagsbewohner zu werden, aber viele Freunde und Bekannte haben eine Ansichtskarte geschickt, die erste kam von Barbara Coudenhove-Kalergi, die letzte von Ilse Tielsch, beide aus Wien. Fast alle schrieben ein paar Zeilen über Prag, über die Stadt, in der sie selber gewesen sind, manchmal sogar viele Jahre. In der Reihenfolge des Eintreffens:

**Barbara Coudenhove-Kalergi, Wien:** *Prag war und ist eine große europäische Literaturhauptstadt. Die Autoren, die hier wirkten, haben Generationen von Mitteleuropäern inspiriert. Auch mich.*

**Helena Kanyar-Becker, Basel:** *Wer Prag liebt, kann nicht anders, es ist ein bisschen wie verdammt sein. (Jaroslav Seifert, Der Halleysche Komet, München 1986, S. 57).*

**Ursula Haas, München:** *Prag ist meine Vaterstadt und Tante und Nichte, dort ein Familienmyzel. Die Literatur in Prag drückt die Mitte Europas aus.*

**Eva Profousová, Berlin:** *Auf den ersten Blick wunderschön. Auf den zweiten eine Kulisse. Kein Wunder, dass sie (mich) nicht inspiriert. Aber ist es* *überhaupt die Aufgabe einer Stadt, ihre Bewohner zum Schreiben zu motivieren? Eine Stadt ist zum Leben da.*

**Pater Angelus Waldstein, Ettal:** *„Wir werden gut daran tun, in aller Behutsamkeit unsere deutsche Jugend (und vorab die sudetendeutsche) entdecken zu lassen, daß auch Prag am Weg nach Europa liegt – oder ist". Mit diesem Satz beendete ich vor einem halben Jahrhundert meinen Beitrag in der FAZ vom 27.8.1966, nachdem es möglich geworden war, mit Schülergruppen auch nach Prag zu reisen.*

**Joseph Berlinger, Regensburg:** *Prag und Regensburg. Als Herr Stifter über die von Menschen überfüllte Karlsbrücke ging, übersah er Herrn Becher. Als Herr Becher über die von Menschen überfüllte Steinerne Brücke ging, übersah er Herrn Stifter. Beide sehnten sich nach früher.*

**Frank Schröder, Diessen:** *„To je pro mne Praha vesnice ...". In der 4ten Klasse/ ein 4tes Bier/ Gern hätt ich/ in der 1ten Klasse/ eine erste Flasche Wein/ doch dafür reicht/ mein Abendbrot/ auch heute nicht.*

**Daniela Strigl, Wien:** *Von Kafka und Perutz bis Jiří Weil und Hrabal: Das Prag der Literaten ist die Stadt, in der nicht alles Gold ist, was glänzt, in der jeder Platz, jeder Winkel sich öffnet für weitere Einblicke, Durchblicke, Überraschungen, schöne und böse.*

**Dagmar Knöpfel, München:** *Mit 16 zum ersten Mal im sozialistischen Prag – Kafka, Milena*

*Jesenská, Jugendstil und Plattenbauten, entsteht 2004 mein Film über Božena Němcová, und Ende April 2019 reise ich nach Prag für Recherchen zu einem Film über die Hl. Agnes von Böhmen. Prag, ein europäisches Kulturzentrum, drängt sich immer wieder in mein Leben.*

**Karl Krieg, Passau:** *Schäumende Biere und vibrierende Metaphern und der satte Klang des Kopfes, wenn Krug oder Wort dagegen schlägt. Der Klang der Hauptstadt PRAG, dem Zentrum für Bier, Literatur und Leben!*

**Bernhard Setzwein, Cham:** *Gedanklich bin ich Tag für Tag in Prag und schreibe solcherlei Dinge über die Stadt, in der sich der arme Rudolf verkroch: „Dort würden Köpfe durch die Gassen rennen, hatten sie ihm weiszumachen versucht, rumpflose Köpfe, die aber nicht rollen würden wie irgendwelche ausgekommenen Kohlköpfe, sondern wirklich rennen, wie auf winzig kleinen Raupenbeinen. Und dabei würde es aus ihnen heraustönen, so als ob sie innen hohl seien, hohle Metallköpfe aus Kupfer und Bronze, etwas wie Zauberformeln oder Beschwörungsreime sei es, was sie hören ließen, allerdings in einer Sprache, die kein Mensch verstehen könne. Männer in langen Mänteln mit pelzverbrämten Aufschlägen am Kragen, Magisterkappen auf dem Kopf, solche mit vier Ecken, würden Sterne umhertragen, die ihnen wie kleine Irrlichter auf den Schultern säßen." Schau mal nach, ob es stimmt.*

**Richard Wall, Engerwitzdorf:** *Es gab eine Zeit, da reiste ich lieber nach Prag als nach Wien … (in* *memoriam Bohumila Grögerová, Josef Hiršal, Hana Bělohradská, Josef Nesvadba und Zdeněk Macků).*

**Doris Liebermann, Berlin:** *Durch Prags alte Gassen bin ich gerade mit Milena Jesenská geschlendert, ich war mit ihr im Café Arco und habe den Gesprächen mit Max Brod, Franz Werfel und Johannes Urzidil gelauscht, später Kafkas Briefe an sie gelesen: Am 17. Mai 1944 ist Milena Jesenská im KZ Ravensbrück gestorben, der Deutschlandfunk erinnert an diesem Tag in meinem kleinen Kalenderblatt an sie.*

**Florian Kührer-Wielach, Wien-München:** *Eine Ansichtskarte nach Prag schicken? Man kann nur 1000 Karten nach Prag schicken. Für diese unheimliche Hauptstadt von allem. Und doch sollte man all diese Karten in einer einzigen Kiste gefunden haben wollen, in einem einzigen Leben, einer alten Schachtel. Vielleicht zwischen Café Kafka und Café Jelinek, jedenfalls in Wien, aus München. Da ist alles drin. Mehr geht nicht.*

**Sabine Gruša, Bonn:** *Prag – das ist ein Spaziergang mit Jiří durch die Gassen unterhalb vom Strahov – Halt vor jeder Büste der „Großen" mit Rezitation. Café Louvre mit Freunden und später dort Arbeit an der Werkausgabe. Und wie in seinen Gedichten: Freude und Trauer immer beisammen – halt Prag.*

**Eduard Schreiber, Wilhelmshorst:** *Praha – città dolente!*

**Jörg Bernig, Radebeul:** *Streuobstwiesen an den Hängen des Laurenziberges. Und oben, auf* dem Plateau hinter der Laurentiuskirche und der Sternwarte, waren schließlich Rosengärten angelegt worden, die in wenigen Wochen in Blüte und in eine himmelhohe Duftwolke gehüllt stehen würden. Auch da die Wege gesäumt von Bänken, Inseln des Müßiggangs oder rettendes Holz, das durch das Meer des Alltags trieb. (Aus dem Romanmanuskript ‚Der Läufer auf dem Wehr‘).

**Ilse Tielsch, Wien:** Kafka und Urzidil ergeben zusammen für mich das literarische Prag. Kafka verehre ich, Johannes Urzidil aber umarme ich!